*As raízes clássicas
da historiografia moderna*

FUNDAÇÃO EDITORA DA UNESP

Presidente do Conselho Curador
Mário Sérgio Vasconcelos

Diretor-Presidente
Jézio Hernani Bomfim Gutierre

Superintendente Administrativo e Financeiro
William de Souza Agostinho

Conselho Editorial Acadêmico
Danilo Rothberg
João Luís Cardoso Tápias Ceccantini
Luiz Fernando Ayerbe
Marcelo Takeshi Yamashita
Maria Cristina Pereira Lima
Milton Terumitsu Sogabe
Newton La Scala Júnior
Pedro Angelo Pagni
Renata Junqueira de Souza
Rosa Maria Feiteiro Cavalari

Editores-Adjuntos
Anderson Nobara
Leandro Rodrigues

ARNALDO MOMIGLIANO

As raízes clássicas da historiografia moderna

Tradução
Maria Beatriz Borba Florenzano

© 1992 The Regents of the University of California
Publicado por acordo com a University of California Press
© 2019 Editora Unesp

Título original: *The Classical Foundations of Modern Historiography*

Direitos de publicação reservados à:

Fundação Editora da Unesp (FEU)
Praça da Sé, 108
01001-900 – São Paulo – SP
Tel.: (0xx11) 3242-7171
Fax: (0xx11) 3242-7172
www.editoraunesp.com.br
www.livrariaunesp.com.br
feu@editora.unesp.br

Dados Internacionais de Catalogação na Publicação (CIP) de acordo com ISBD
Elaborado por Odilio Hilario Moreira Junior – CRB-8/9949

M732r
  Momigliano, Arnaldo
    As raízes clássicas da historiografia moderna / Arnaldo Momigliano; traduzido por Maria Beatriz Borba Florenzano. – São Paulo: Editora Unesp, 2019.

    Tradução de: *The Classical Foundations of Modern Historiography*
    Inclui bibliografia.
    ISBN: 978-85-393-0796-8

    1. História. 2. Historiografia. I. Florenzano, Maria Beatriz Borba. II. Título.

2019-780   CDD 900
                                      CDU 303.446.4

Editora afiliada:

Sumário

Prefácio . *7*

Nota bibliográfica . *15*

Introdução . *19*

Capítulo 1
A historiografia persa, a historiografia grega
e a historiografia judaica . *23*

Capítulo 2
A tradição herodotiana e tucididiana . *57*

Capítulo 3
O surgimento da pesquisa antiquária . *93*

Capítulo 4
Fábio Pictor e a origem da história nacional . *131*

Capítulo 5
Tácito e a tradição tacitiana . *173*

Capítulo 6
As origens da historiografia eclesiástica . 207

Conclusão . 237

Índice onomástico . 243

Prefácio

Convidado a ministrar, entre 1961 e 1962, as Sather Classical Lectures[1] na Universidade da Califórnia, em Berkeley, Arnaldo Momigliano escolheu como tema *As raízes clássicas da historiografia moderna*, sobre o qual já havia refletido bastante. No prefácio ao seu *Secondo Contributo alla storia degli studi classici* [Segunda contribuição à história dos estudos clássicos] (1960) e nas notas introdutórias a vários outros estudos seus da mesma época, a referência às conferências que estavam por vir chamava a atenção para os resultados, já parcialmente alcançados, que aguardavam apresentação em um contexto adequado. A escolha dos temas de cada conferência deveria fornecer um quadro no interior do qual o sentido da historiografia antiga pudesse ser relacionado a seus principais desenvolvimentos na historiografia moderna.

---

[1] Conferências de professores bolsistas da cadeira Sather da Universidade de Berkeley (Califórnia, EUA). A bolsa foi criada por Jane K. Sather, de quem o programa também herdou o nome, para financiar professores dedicados ao estudo da literatura clássica, e vigora até hoje. As palestras são pubicadas em seguida em um periódico com o mesmo nome – *Sather Classical Lectures*. (N. E.)

Quando este projeto foi concebido, Momigliano estava no apogeu de sua maturidade intelectual. Significativamente, depois das monografias do início precoce de sua carreira, ele optou por estudos de extensão limitada, de uma extensão que propiciasse discussões a um público interessado. Uma vez ministradas, essas conferências adquiriram o formato de artigos em periódicos especializados. Disso resultou certa dispersão de seu trabalho, algo que as coletâneas de artigos, os *Contributi*, conseguiram sanar apenas em parte. O próprio Momigliano, ainda na segunda metade dos anos 1960, expressou preocupação com o fato de que as principais áreas de seu interesse não apareciam com nitidez na grande variedade de sua produção.

A série de conferências dedicadas a um tema pelo qual tinha enorme interesse lhe possibilitou reunir pesquisas analíticas detalhadas em um contexto abrangente. As Sather Lectures, que representaram também o primeiro contato do autor com a vida acadêmica norte-americana, foram muito bem recebidas em Berkeley. Elas haviam sido planejadas em detalhe nos dois anos anteriores; em seguida, foram redigidas com cuidado e, como era o hábito de Momigliano, ensaiadas – ao menos em parte – diante de plateias bastante variadas.

Depois da última das conferências públicas, Momigliano escreveu um breve prefácio, do qual temos o manuscrito, ainda datado como Berkeley, 30 de março de 1962, juntamente com uma cópia datilografada nos Estados Unidos:

> Seis conferências não são suficientes para exaurir um argumento. Se isso fosse possível, eu não teria aceitado o convite de ministrá-las, pois muito pouco sei do vastíssimo território sobre o qual escolhi falar. As conferências são publicadas como eu as

pronunciei, e ficarei satisfeito se elas provocarem discussão e uma exploração futura.

As notas destinam-se tão somente a oferecer algum auxílio à orientação. Durante mais de trinta anos venho realizando leituras e feito anotações sobre a maioria dos pontos levantados durante as conferências. A seleção bibliográfica, feita a partir de meus arquivos, é inevitavelmente arbitrária e injusta, mas espero que não seja tola.

O que aprendi com os escritos e as conversações com B. Croce, G. De Sanctis e F. Jacoby deve ser perceptível a cada página. Meus velhos amigos F. Chabod, W. Maturi, C. Dionisotti, F. Venturi, G. Billanovich, Srta. B. Smalley ajudaram-me em todas as etapas: os dois primeiros já não estão entre nós. Tenho consciência também de minha dívida com E. Bickerman, H.-I. Marrou, H. Strasburger e F. W. Walbank. Por fim, mas não menos importante, devo mencionar com gratidão meus amigos e colegas do University College de Londres e do Warburg Institute e, especialmente, o sábio e grande bibliotecário do Warburg Institute, dr. O. Kurz.

Os meus colegas californianos – classicistas e modernistas – sabem o quanto desfrutei a hospitalidade deles. O Campanário de Berkeley será sempre querido em meu coração quase como o é meu Campanário nativo.

Ao prefácio segue-se uma página com a dedicatória: "À memória de Gaetano Salvemini, Marc Bloch, Johan Huizinga, Simon Dubnow, historiadores e testemunhas da verdade".

Contrariando seu costume, Momigliano não autorizou a publicação imediata das conferências. Sua intenção de compilar as notas de rodapé e uma bibliografia que englobasse todos os temas por ele abordados logo se mostrou uma tarefa difícil. Naturalmente, também lhe pareceu que seu texto original demandava certo aperfeiçoamento. Momigliano retornou a ele várias vezes nos últimos 25 anos de sua vida. Depois de sua morte, em 1º de setembro de 1987, numerosas cópias das Sather Lectures, com anotações e correções, foram encontradas entre os papéis de seu escritório. Como um grande escritor acaba identificando a vida com sua história – aquela que está escrevendo e aquela em que se considera o protagonista –, Arnaldo Momigliano também não conseguia se separar do tema que para ele era crucial.

As conferências são agora publicadas em uma edição que leva em consideração a história de sua longa composição. O leitor deve ter em mente que o livro, tal como está, foi concebido no início dos anos 1960 (depois da publicação dos primeiros dois *Contributi*) e teve uma primeira versão redigida entre 1961 e 1962, tornando-se subsequentemente objeto de uma meditação cuidadosa e de uma reescrita substancial quase quinze anos mais tarde, por ocasião da primeira conferência do curso ministrado por Momigliano na Universidade de Chicago em 1975, recebendo outras revisões nos anos seguintes. Para a revisão e o enriquecimento do texto, o recurso a livros raros da University Library e da Newberry Library de Chicago provou ser de grande valia, como afirmou o professor em setembro de 1976 em um relatório para a Nuffield Foundation (que lhe havia concedido uma bolsa de três anos depois de sua aposentadoria da cadeira de História Antiga no University College de Londres em 1975): o acesso a esse material lhe possibilitou ter uma ideia muito mais precisa do que havia ocorrido na Espanha e na Alemanha durante o século XVI. A bolsa da Nuffield Foundation permitiu a Momigliano valer-se de alguns assistentes de pesquisa de tempos em tempos. Em uma anotação incompleta, datilografada, produzida por um deles, nota-se uma tentativa de suprir cada capítulo com notas de rodapé, a partir do fichário temático do autor. Esse rascunho não foi suficiente para permitir uma reconstrução confiável de todas as notas de rodapé que ele pretendia inserir nos textos. Além disso, as anotações manuscritas de Momigliano estão longe de ser completas. Por isso decidiu-se por publicar o texto sem qualquer nota.

A versão agora publicada representa o estágio final do trabalho deixado pelo autor, que pelo menos em dois casos – os capítulos sobre historiografia nacional (1975) e sobre o tacitismo (1978) – modificou substancialmente seu texto e o expandiu a quase o dobro da extensão das conferências originais.

Anne Marie Meyer comparou os textos datilografados das várias versões e conferiu as anotações do autor. Como testemunha direta das duas principais versões e das muitas fases de intervenção, de incremento e correção, seu papel no estabelecimento do texto foi fundamental. A edição do volume, a conferência sistemática das citações e referências, a preparação do original para publicação são efetivamente devidas a ela: nossa colaboração na fase final das decisões editoriais foi para mim um prazer e uma honra.

As convenções normais de uma edição crítica foram adotadas na constituição do texto, tendo sido realizadas pequenas intervenções apenas nos pontos em que a coerência com os critérios gerais e particulares do autor assim o requeria, em especial no que concerne a citações de traduções inglesas de escritores antigos, que têm como origem, via de regra, edições da Loeb Classical Library.[2]

A decisão de não oferecer uma bibliografia selecionada ao final de cada capítulo foi tomada respeitando-se o estado do texto deixado pelo autor e, acreditamos, está de acordo com as razões da natureza aparentemente incompleta da obra. Uma seleção não faria sentido a menos que correspondesse, em todos os aspectos, às intenções do autor. A nota que segue encaminha o leitor aos textos de Momigliano em que as referências bibliográficas que ele selecionou são indicativas do curso de sua exploração intelectual.

Agradecemos as profícuas sugestões de Tim Cornell, Michael Crawford, Carlo Dionisotti e Carlotta Dionisotti.

A afirmação inicial no texto da Conclusão de Momigliano que ele leu ao final de sua última conferência oferece uma pista, desconhecida em qualquer outro texto do autor, sobre um projeto que definiria o último terço de sua vida. A trilogia que ele planejava realizou-se no volume sobre a biografia grega e com *Alien Wisdom* [Sabedoria forasteira], mesmo que em uma forma menos orgânica que a que tivemos aqui como meta.

A publicação do presente volume, que é o primeiro elemento da trilogia, nos auxilia no sentido de melhor compreender

---

2 Coleção de clássicos gregos e latinos criada em 1912 pelo banqueiro e filantropo norte-americano James Loeb (1867-1933), publicada originalmente pela editora Willian Heinemann Ltd. e atualmente pela Harvard University Press. A coleção tradicionalmente apresenta publicações bilíngues, com o texto em grego ou latim em uma página e, na seguinte, uma tradução próxima do literal em inglês, de caráter facilitador e acessível, com vistas à popularização dos textos clássicos. (N. E.)

As raízes clássicas da historiografia moderna

o significado das meditações finais do autor – repletas de sabedoria e paixão – sobre a natureza, a função, os limites e os métodos da pesquisa histórica: esta última contribuição de Arnaldo Momigliano, assim como tudo o que veio antes dela, segue na estrada principal da busca pela verdade.

Riccardo Di Donato
Universidade de Pisa
Departamento de Filologia Clássica
Maio 1989

Nota bibliográfica

Para uma orientação geral, o leitor pode recorrer às seções gerais das referências bibliográficas que aparecem nas várias edições dos livros de Arnaldo Momigliano, *The Development of Greek Biography* (Cambridge: Harvard University Press, 1971) e *Alien Wisdom: The Limits of Hellenization* (Cambridge: Cambridge University Press, 1975; 1978); à seção geral sobre método histórico em *Introduzione bibliografica alla storia greca fino a Socrate* (Firenze: La Nuova Italia, 1975); e às referências bibliográficas dos ensaios "Tradition and the Classical Historian" (*History and Theory*, XI, 3, p.279-93, 1972) (= *Quinto contributo alla storia degli studi classici e del mondo antico* [Roma: Edizioni di Storia e Letteratura, 1975], p.13-31) e, sobretudo, "The Place of Ancient Historiography in Modern Historiography" (in: *Les Études classiques aux XIXe et XXe siècles: leur place dans l'histoire des idées: Entretiens*, Vandoeuvres-Genève: Fondation Hardt, 1980 [1979], t.XXVI, p.125-57) (= *Settimo contributo*, 1984, p.13-36).

Para os capítulos individuais, veja-se:

1. "Fattori orientali della storiografia ebraica post-esilica e della storiografia greca". In: Atti del Convegno sul tema *La*

Persia ed il mondo greco-romano, Roma, 11-14 abr. 1965 (Accademia Nazionale dei Lincei, 363, 76, 1966), p. 137-46, e *Rivista Storica Italiana* [*RSI*], LXXVII, 2, p. 456-65, 1965 (= *Terzo contributo*, 1966, p.807-18; e também *Essays in Ancient and Modern Historiography* [Oxford: Blackwell, 1977], p.25-35).

2. "Storiografia greca". *RSI*, LXXXVII, 1, p. 17-46, 1975 (= *Sesto contributo*, 1980, p.33-67); "Greek Historiography". *History and Theory*, XVII, 1, p.1-28, 1978; "History and Biography". In: M. I. Finley (Ed.). *The Legacy of Greece: a New Appraisal* (Oxford: Clarendon Press, 1981), p.155-84.

3. "Friedrich Creuzer and Greek Historiography". *Journal of the Warburg and Courtland Institutes* [*JWCI*], IX, p.152-63, 1946 (= *Contributo*, 1955, p.233-48; também *Studies in Historiography* [London, 1969], p.75-90); "Ancient History and the Antiquarian". *JWCI*, XIII, p.285-315, 1950 (= *Contributo*, p.67-106; *Studies*, p.139); "L'eredità della filologia antica e il metodo storico". *RSI*, LXX, 3, p.442-58, 1958 (= *Secondo contributo*, 1960, p.463-80).

4. "Linee per una valutazione di Fabio Pittore". *Rendiconti Accademia dei Lincei*, Classe di Scienze morali, storiche e filologiche, série VIII, v.XV, 7-12, p.310-20, 1960 (= *Terzo contributo*, p.55-68); "Did Fabius Pictor lie?" (resenha de A. Alföldi, *Early Rome and the Latins* [University of Michigan Press, 1965]). *New York Review of Books*, v.V, n.3, p.19-22, set. 1965 (= *Essays*, p.99-105; *Sesto contributo*, p.69-75).

5. Seção "Tacitismo" do verbete "Tacito P. Cornelio" da *Enciclopedia italiana*, v.XXXIII, Roma, 1936; "The First Political Commentary on Tacitus". *Journal of Roman Studies*, XXXVII, p.91-101, 1947 (= *Contributo*, p.37-59; *Essays*, p.205-29); resenha de J. von Stackelberg, *Tacitus in der Romania Studien zur*

literarischen Rezeption des Tacitus in Italien und Frankreich (Tübingen, 1960), *Archiv für das Studium der Neueren Sprachen und Literaturen*, 200, I, p.75, 1963 (= *Terzo contributo*, p.775-6); resenha de R. Häussler, *Tacitus und das historische Bewusstsein* (Heidelberg, 1965), *RSI*, LXXVIII, 4, p.974-6, 1966 (= *Quinto contributo*, p.1007-10); resenha de K. C. Schellhase, *Tacitus in Renaissance Political Thought* (University of Chicago Press, 1976), *Classical Philology*, 47, 1, p.72-4, 1979 (= *Settimo contributo*, p.499-502).

6. "L'età del trapasso fra storiografia antica e storiografia medievale". *RSI*, LXXXI, 2, p.286-303, 1969 (= *Quinto contributo*, p.49-71); "Popular Religious Beliefs and the Late Roman Historians". In: Canon G. J. Cuming e Derek Baker (Eds.). *Studies in Church History* (Cambridge University Press, 1971, v.8), p.1-18 (= *Quinto contributo*, p.73-92; *Essays*, p.141-59); "Historiography of Religion: The Western Tradition". In: *The Encyclopedia of Religion* (Nova York, 1987, v.6), p.383-90 (= *Ottavo contributo*, 1987, p.27-44).

Introdução

A expansão da história social e da arqueologia é o sinal mais claro de que algo tem ocorrido no reino de Clio desde os dias de Tucídides. No século XIX, três historiadores tão diferentes quanto Ranke, Macaulay e Eduard Meyer viam Tucídides como o modelo de historiador. Há quem apoie ainda essa opinião. Um deles, o falecido professor Gomme, foi um dos meus predecessores na cátedra Sather alguns anos atrás. Mas até mesmo a esplêndida combatividade de Gomme não foi suficiente para persuadir muitos de nós de que é impossível aperfeiçoar Tucídides. Tucídides escreveu como um estudioso de história política e militar contemporânea. O método que desenvolveu foi o de um historiador político e militar de seu próprio tempo. Os historiadores do século XX podem explorar qualquer período do passado como se se tratasse de história contemporânea no sentido tucidiano porque sabem explorar tipos de registros que nos levam a quase qualquer passado. Além disso, a própria noção de história política levanta tantas questões com relação a outros aspectos da história, que ela parou de indicar algo definitivo e reconhecível. Livros como o de Huizinga, *O outono da Idade Média*, ou o de Marc Bloch, *Caractères originaux de l'histoire rurale française*, ou ainda o de Perry Miller, *The New England Mind*, não podem ser apresentados como meros desenvolvimentos do tipo de história feita por Tucídides. Ainda que esses livros também encontrem seus antecedentes na Antiguidade, deve-se identificá-los no campo da pesquisa antiquária e erudita em vez de na tradição de história de Tucídides. A variedade e a complexidade de nosso trabalho atual em história dão maior proeminência a laços com o mundo clássico que antes eram negligenciados.

Se, de um lado, a pesquisa erudita antiga é o antecedente óbvio de tantos estudos de nossa história cultural e social, o nosso interesse pela história eclesiástica representa, de outro, um elo com a historiografia eclesiástica antiga. Nosso estudo da motivação histórica consciente, subconsciente e inconsciente dá um novo valor à história psicológica de Tácito e chama a atenção para sua enorme autoridade entre os estudiosos de história e de política do início do século XVI ao início do século XIX. O fato de que a historiografia política em si esteja agora desacreditada e em geral tida como cansativa convida a uma reavaliação de nossa dívida para com os historiadores gregos. Ao mesmo tempo, desenvolvemos a consciência de que a historiografia grega não estava natural e inevitavelmente destinada a se tornar a fundamentação de nossa historiografia ocidental. Não teríamos herdado a historiografia grega sem a intervenção ousada de alguns romanos que fizeram dela a historiografia do Império Romano. Acima de tudo, não teríamos nossa história nacional sem o exemplo da historiografia nacional romana e, mais especificamente, sem o exemplo de Tito Lívio. Mesmo assim, a historiografia grega teve de competir com a historiografia hebraica. Tanto a historiografia grega quanto a hebraica pós-êxodo tomaram forma no contexto do Império Persa e mostram claramente uma origem comum. Historiadores judeus e gregos posteriores competiram entre si, e trata-se de uma questão de pesquisa determinar quanto do pensamento judeu passou para as obras cristãs, tais como as histórias eclesiásticas da Antiguidade tardia.

Se essas considerações preliminares forem válidas, há alguma justificativa para lançar as seis questões seguintes: 1) O que têm em comum a historiografia grega e a historiografia judaica e por que, em última análise, a historiografia grega prevaleceu? 2) Por que Tucídides, e não Heródoto, tornou-se o historiador mais autorizado da Antiguidade? 3) Qual o papel que tiveram os antiquários na pesquisa histórica? 4) Como a historiografia grega foi importada por Roma e o que significou sua romanização? 5) Qual é o lugar de Tácito no pensamento histórico? 6) Por que e de que modo a historiografia eclesiástica definiu uma tradição própria?

A cada uma dessas questões eu dediquei uma das seis conferências que tenho a enorme honra de ministrar nesta Universidade [Berkeley]. Deixei intencionalmente de lado outros tantos pontos que estão relacionados com minha temática. Não discutirei a tradição biográfica e não tentarei abordar a influência das antigas teorias da história sobre as posteriores filosofia e metodologia da história. Eu poderia apresentar várias razões para o meu silêncio a respeito dessas questões (uma é a minha suspeita de que, de cem pessoas que podem explicar um acontecimento, apenas uma ou duas têm a habilidade técnica – o equipamento do historiador – para decidir se tal acontecimento foi de fato um acontecimento, se realmente existiu).

Mas é mais honesto admitir que, no momento, eu não sei o suficiente a respeito da história das biografias e sobre a história da filosofia da história para tentar fazer até mesmo as generalizações mais superficiais a seu respeito. Espero ser capaz mais adiante de realizar algum trabalho específico sobre a história da biografia. Não sinto, entretanto, que minha argumentação atual possa ser seriamente afetada pela falta de uma discussão sobre biografia e sobre teorias da história. Estou mais preocupado com as grandes lacunas em meu conhecimento sobre os temas a respeito dos quais escolhi falar. Não tentarei ocultar essas lacunas que bem conheço; e gostaria de pedir à minha audiência que aceite o que tenho a dizer como uma tentativa provisória de reavaliar a antiga historiografia à luz da revolução ocorrida, no século XX, na escrita da história.

Capítulo 1
A historiografia persa, a historiografia grega e a historiografia judaica

I

A cada dia que passa percebemos melhor como os gregos e os judeus desenvolveram alguns dos traços mais marcantes de suas civilizações no âmbito do Império Persa. Assim, faz sentido perguntar se tanto a historiografia grega quanto a historiografia judaica pós-exílio foram influenciadas pela historiografia persa ou por outra tradição literária encontrada no Império Persa. Mas essa é apenas uma das muitas questões que podemos fazer ao comparar a historiografia judaica com a historiografia grega. Podemos, por exemplo, perguntar: 1) O que tem a historiografia grega em comum com a historiografia bíblica? 2) Quais são, por outro lado, as principais diferenças entre a historiografia grega e a historiografia bíblica? 3) Por que a historiografia grega se provou tão vital, enquanto a historiografia bíblica terminou abruptamente no século I d.C.?

Este texto divide-se, portanto, em seis partes: 1) sobre a historiografia persa; 2) sobre a familiaridade geral que os historiadores gregos e judeus tinham com as questões persas;

3) sobre os pontos específicos da possível influência oriental sobre historiadores gregos e judeus; 4) sobre alguns traços da reação de historiadores gregos e judeus à situação política representada pelo Império Persa; 5) a respeito das diferenças mais características entre historiadores gregos e judeus; e 6) sobre as razões da morte prematura da historiografia judaica.

II

Nos círculos muito respeitáveis em que eu circulava quando era jovem, se qualquer um quisesse estudar a história persa, era indispensável que conhecesse o grego; mas se se quisesse estudar a história da Grécia, era preciso conhecer o alemão. Heródoto era a autoridade para a história persa, e Karl Julius Beloch, para a história grega.

A situação pode ter mudado com relação à história grega. Mas a história persa ainda está nas mãos de Heródoto. A decifração da inscrição de Behistun e as escavações de Persépolis e de Susa não contribuíram para a história persa tanto quanto o mesmo tipo de trabalho contribuiu para a história do Egito ou da Babilônia. Se o avanço, em termos de história oriental, pode ser medido pela relativa independência do texto de Heródoto, é evidente que a história da Pérsia não passou por uma revolução por meio da inovação dos métodos de pesquisa na mesma intensidade que a história da Mesopotâmia ou a do Egito. Nos primeiros anos do século XX, Eduard Meyer encarregou-se de redigir o verbete "Pérsia na Antiguidade" para a 11ª edição da *Encyclopaedia Britannica*. O artigo foi publicado em 1911 e continua atual. Nenhum verbete sobre o Egito, a Mesopotâmia ou a Ásia Menor poderia ter se mantido por tanto tempo.

O fato de a maior parte da informação de que dispomos sobre os antigos persas ser obtida a partir de fontes gregas não significa que os persas confiassem aos estrangeiros o registro de suas próprias atividades. Eles tinham sua própria historiografia, fosse em persa, fosse em aramaico. Todos sabemos o que um rei persa fazia quando tinha insônia: "Naquela noite, o rei não podia dormir, ordenou então que lhe trouxessem o livro dos registros das crônicas; e elas foram lidas diante dele" (Ester 6,I). Se não podemos confiar no Livro de Ester no que se refere à insônia do rei, podemos fazê-lo no tocante às crônicas. O Livro de Ester pode também indicar que as crônicas persas continham documentos: "E todos os atos de seu [de Assuero] poder e de seu domínio, e o relato completo da grandeza de Mardoqueu, e de como o rei chegou até ele, não estão agora escritos no livro das crônicas dos reis da Média e da Pérsia?" (10,2). Essa indicação não é, no entanto, segura. Os livros de Esdras e de Neemias, cujo conhecimento das instituições persas é certo, confirmam a existência das crônicas reais persas. Em um dos documentos em aramaico sobre a oposição à construção dos muros de Jerusalém, é pedido ao rei Artaxerxes I que lesse as crônicas de seus antecessores, onde ele haveria de encontrar evidências a respeito das rebeliões passadas de Jerusalém (Esdras 4,15). O escritor obviamente pressupõe que os reis persas tivessem acesso às crônicas referentes aos acontecimentos anteriores à época persa. Certamente, ele estava correto. As crônicas babilônicas, e muitas outras, estavam disponíveis para consulta a respeito do passado mais remoto. Até o grego Ctésias afirmava ter empregado os registros reais "nos quais os persas, seguindo certa lei deles, mantinham o registro de seus antigos negócios" (Diod. II, 33, 4).

As crônicas persas, no entanto, desapareceram muito cedo. Tanto quanto sabemos, as crônicas dos reis sassânidas, mencionadas pelo bizantino Agatias no século VI d.C., não estavam de modo algum ligadas às crônicas dos reis aquemênidas. Como já foi observado há algum tempo por Theodor Nöldeke, um dos traços marcantes da renascença persa ao tempo dos sassânidas é que eles não sabiam quase nada a respeito dos aquemênidas. A tradição histórica e política dos aquemênidas tinha naufragado muito antes da revolução do século III d.C., que pretendia restaurar os valores nacionais persas. O Avesta não menciona nem Dario, nem Xerxes. Quando Ferdusi escreveu o *Shah-nameh* [Épica dos reis] no século X, a ruptura com o passado aquemênida já estava praticamente completa havia mais de mil anos.

As inscrições são as únicas evidências que sobreviveram e que podem dizer algo a respeito do modo como os persas pensavam a história. Elas têm, por razões óbvias, um valor limitado. Ninguém descreveria a *Res Gestae Divi Augusti* como uma autobiografia de Augusto. Com efeito, sabemos que o imperador romano escreveu sua autobiografia de uma forma muito diferente. Não há qualquer razão para aplicar outro critério àquele remoto ancestral da *Res Gestae*, isto é, o relato que o rei Dario faz a seu próprio respeito na inscrição Behistun ou Bisutun. O seu objetivo era a autoglorificação com um número restrito de palavras, e não uma autobiografia completa. No caso da inscrição Behistun, há uma dificuldade adicional que diz respeito ao fato de não sabermos se Dario escrevia para que os homens lessem ou se se dirigia aos deuses. O fato é que, ao colocar a inscrição sobre uma rocha a uma altura de cem metros acima da estrada, e ao criar uma barreira que dificultava o acesso a ela, ele tornou as suas palavras acessíveis apenas a escaladores profissionais de rochas, ou aos deuses. Ele certamente escreveu para círculos seletos. Mas, mais tarde, cópias da inscrição circularam e, é de se pensar se essa circulação não foi planejada a partir de um poder central. Com tudo isso, a inscrição de Behistun nos ensina algo a respeito da atitude persa com relação à história. Em primeiro lugar, ela mostra que os persas eram capazes de compor algum tipo de autobiografia, escrita na primeira pessoa. Em segundo lugar, o relato é basicamente factual, claro e livre de qualquer intervenção miraculosa. Quando a inscrição de Behistun foi decifrada, os especialistas surpreenderam-se ao perceber que ela confirma Heródoto em tantos detalhes precisos, como o nome dos magos rebeldes. Talvez fosse mais apropriado surpreender-se com o fato de que essa inscrição persa se encontra no mesmo nível histórico de Heródoto. O rei da Pérsia confia em seus próprios deuses, mas as intervenções divinas em formas miraculosas não são mencionadas. A perspectiva é aristocrática, e não teológica. O orgulho que os aquemênidas tinham de seus ancestrais é evidente. Dario enfatiza a sua superioridade física e moral: seus inimigos representam a mentira, e ele, a verdade. A lealdade dos sátrapas é sua maior preocupação. Ele aprecia a crueldade contra os rebeldes conquistados. Mas há outras inscrições que mostram que suas atitudes com relação aos súditos e inimigos externos nem sempre foram tão bárbaras. Há algo que pode servir aos nossos propósitos na seção final da crônica babilônica de Nabonido, que registra o triunfo de Ciro sobre seus inimigos, isso no caso de estarmos seguros de que essa parte final da crônica tenha sido inspirada diretamente por Ciro ou por seus conselheiros mais próximos. Há alguns toques curiosos de ironia nessa parte final, a partir dos quais podemos suspeitar que algum persa interferiu na descrição das inabilidades do último rei babilônico. Mas a questão é muito incerta, e a crônica de Nabonido como um todo pertence a outra tradição.

O que percebemos claramente nas inscrições históricas persas é uma sociedade centralizada na figura do rei, uma visão altamente aristocrática, uma ênfase na lealdade acompanhada por uma violência correspondente no tocante a intrigas e paixões. Por outro lado, vimos que, para um persa, fatos são fatos. O persa antigo, com sua estrutura sintática e seu sistema verbal claro, não era um instrumento de todo inadequado para a prosa histórica. Se descontarmos a monotonia das fórmulas e a estreiteza do tema, poderemos perceber que há ali um estilo histórico em formação.

III

Basta, por ora, das evidências diretas a respeito da historiografia em persa antigo. Nossa próxima questão diz respeito a se a historiografia persa, tal como a podemos perceber vagamente por meio das evidências diretas ou indiretas, influenciou o desenvolvimento, por um lado, da historiografia grega e, por outro, da historiografia judaica. Não temos qualquer evidência de que os judeus conhecessem os historiadores gregos ou que os gregos conhecessem os historiadores judeus antes do século III a.C., mas há evidências irrefutáveis de que historiadores gregos e judeus estavam em contato com os persas. Tenho ciência de que Fócio, em seu resumo do livro XL de Diodoro, atribui a Hecateu de Mileto a descrição da religião judaica, a qual, se autêntica, indica que Hecateu conhecia algo a respeito dos Livros Sagrados dos judeus em pleno final do século VI a.C. Também estou a par de que Franz Dornseiff, especialista a quem respeito muito, concluiu definitivamente que esse fragmento é autêntico e que de fato implica a familiaridade direta que Hecateu de Mileto mantinha com a religião judaica. Entretanto, tenho certeza de que Fócio ou Diodoro atribuiu o fragmento que fala a respeito dos judeus ao Hecateu errado. O Hecateu que falou a respeito dos judeus não era o homem de Mileto que viveu antes das guerras persas, mas sim seu homônimo de Abdera, que escreveu no século IV a.C. – uma reconhecida autoridade sobre os judeus.

A evidência de contatos entre os historiadores gregos e o mundo persa é fácil de ser resumida. O florescimento da historiografia grega relaciona-se intimamente com a ascensão dos estudos geográficos. O primeiro grego a escrever a respeito de suas explorações geográficas – Scylax de Carianda, um viajante no Golfo Persa e em outros lugares – excursionava à custa e por ordem do rei Dario, em torno de 500 a.C. (Heródoto, IV, 44). Hecateu de Mileto, um geógrafo e genealogista, escreveu entre os persas. Ele nutria um interesse por genealogias orientais e comparava a evidência grega com a não grega. Viajou pelo Império Persa na época de sua grandeza como um súdito. Seu sucessor, Heródoto, quando nasceu em Halicarnasso, era um súdito persa. Ele nunca gostou da rebelião jônica, ainda que tivesse plena consciência do significado da vitória grega sobre o Império Persa. Viajou por países que eram ou haviam sido persas. Ainda que nunca tivesse estado na Pérsia propriamente dita e não falasse qualquer língua estrangeira, suas histórias são repletas de presumíveis tradições persas. Estas chegavam a ele em segunda mão e distorcidas. Mas não podemos perder de vista que a descoberta da inscrição de Behistun confirma a posição que Heródoto conquistou, de ser o testemunho mais confiável que possuímos a respeito dos assuntos persas. Mesmo em Atenas, Heródoto foi capaz de encontrar um aristocrata persa refugiado, Zópiros, filho de Megabizos, e pôde conversar com ele em grego sobre a Pérsia (III, 160). Gostaríamos de conhecer mais a respeito de Xanto, o lídio, um contemporâneo de Heródoto que escreveu em grego, mas como súdito persa, sobre a história de seu próprio país, a Lídia. O mesmo pode ser dito a respeito de tantos outros autores do século V a.C, tais como Dionísio de Mileto, Helânico de Mitilene e Caron de Lâmpsaco, que coletaram as tradições persas em lugares onde a familiaridade com os costumes e com as gentes persas devem ter sido bastante fáceis e comuns. Sua existência prova, ao menos, a preocupação constante dos primeiros historiadores gregos com a história persa – fato que não deve nos surpreender. Na geração seguinte, Ctésias de Cnido é o nosso grande desapontamento. Ele foi o médico de Artaxerxes Mnémon antes de 405 a.C. e alegava ter vivido na corte persa por dezessete anos. Certamente conhecia o persa e, se tivesse querido, poderia ter reunido uma enorme quantidade de informações a respeito da história persa. Infelizmente, parece ter sempre se interessado mais pelo sensacionalismo do que pela verdade, e era obcecado por desmentir Heródoto. O resultado é que, como bem notou F. Jacoby, Ctésias, muito mais do que um historiador, foi um romancista. Ainda assim, ele tem certa utilidade para nós. O fato de ser um mentiroso não significa que não tivesse absorvido toda a atmosfera da corte oriental, com a sua paixão pela intriga e pelos contos não confiáveis. Podemos perguntar se seus contos fantásticos foram contaminados pelo hábito persa de contar histórias. A lista das pessoas que viajaram pelo território persa e que escreveram sobre a história persa continua até o século IV a.C. Xenofonte é outro nome óbvio, mesmo que na *Ciropédia* sua intenção não tenha sido a de escrever história: a *Ciropédia* é uma utopia filosófica bem definida, de um tipo bem conhecido por outros socráticos. O que disse até agora é suficiente para nos fazer lembrar que a historiografia grega, em seus estágios mais antigos, se preocupava com a Pérsia, e que era praticada por pessoas cuja familiaridade com as tradições persas é indiscutível.

Com relação aos judeus, a evidência do impacto persa é, no geral, suficientemente clara. Se H. Schaeder estiver certo, o título de Esdras como "escriba da lei de Deus do Céu" significa que ele era um oficial persa responsável pelos negócios judeus. Se Schaeder estiver errado, as atividades do misterioso Esdras ainda permanecem sem explicação no contexto persa: ele simplesmente não pode ser varrido da história. O mais aberto Neemias explica-nos que era o criado que servia as bebidas para Artaxerxes I. As autobiografias tanto de Esdras quanto de Neemias, incorporadas aos livros que trazem os seus nomes, fornecem a confirmação da familiaridade que tinham com os modos persas. Os livros de Daniel, Judite e Ester são mais difíceis. Cada um dos três livros conserva traços do período aquemênida e levanta o problema de se eles teriam sido de fato escritos antes da época de Alexandre, o Grande. O Livro de Daniel traz alguns detalhes autênticos a respeito da queda da Babilônia, como o banquete de Belsazar e o próprio nome de Belsazar, ainda que Daniel pense erroneamente que este fosse o filho de Nabucodonosor, e não o filho e corregente de Nabonido. A história de Ester se passa toda na corte persa. A história é absurda, mas muitos detalhes sobre a corte persa parecem verdadeiros. Por exemplo, o autor sabe a respeito dos sete homens privilegiados que "viram a face do rei e detiveram proeminência no reino" (Ester I,14) e tem uma noção muito clara a respeito do serviço postal persa (8,10). A história de Judite tem Holofernes como vilão principal e o eunuco Bagoas como seu auxiliar. Os dois nomes são bastante comuns, mas aparecem juntos apenas na expedição de Artaxerxes III Ochos contra a Fenícia e o Egito em aproximadamente 350 a.C. A coincidência não deve ser completamente fortuita. Por outro lado, como todos sabemos, os autores desses três livros competiam entre si em incompetência histórica. Tomaria muito tempo assinalar todos os erros de Daniel. Basta lembrar aqui que, de acordo com Daniel, Dario, o Medo – um monstro não existente –, e não Ciro, o Persa, conquistou a Babilônia, e que os reis da Pérsia, de Ciro a Alexandre, foram quatro e não onze. No que tange ao Livro de Ester, Mardoqueu foi deportado à Babilônia em 597 a.C., mas foi designado grão-vizir no 12º ano do rei Xerxes, i.e., 124 anos mais tarde, em 473 a.C. Sua prima Ester era presumivelmente cem anos mais jovem que ele. De acordo com o livro de Judite, os judeus voltaram do exílio e rededicaram o templo no reinado de Nabucodonosor, que é descrito como "aquele que reinava sobre os assírios e Nínive". Ao final do século XVII, o grande Montfaucon, dominando todos os recursos possíveis do conhecimento em sua época, foi incapaz de atribuir algum sentido a esse erro clamoroso. Seu fracasso foi um dos primeiros sinais de que a cidadela da tradicional exegese bíblica começava a ruir sob os ataques de críticos como Hugo Grotius.

A datação tardia dos três livros, ao mesmo tempo que explica seus erros, não é incompatível com a preservação de elementos persas genuínos. Com efeito, temos de contar com a possibilidade de alguns de seus conteúdos serem provenientes de fontes não judaicas. Há algo que favorece a teoria de que o Livro de Ester se fundamenta em um modelo não judaico. O festival do Purim, o qual o Livro de Ester pretende explicar, não é judeu em sua origem, e o seu nome não hebraico assim o comprova. Daniel não tem nenhum antecedente óbvio na literatura judaica ainda existente, e dificilmente pode ser separado de textos não judaicos como a Crônica Demótica. Os detalhes são obscuros e controversos, mas não podemos nunca nos esquecer de que os judeus do período pós-êxodo falavam o aramaico e eram capazes, portanto, de ler a literatura do gentio na língua internacional do Império Persa. Há naturalmente uma diferença entre a posição ocupada pelos judeus e pelos gregos jônicos no Império Persa. O domínio persa sobre os judeus foi contínuo por dois séculos. O domínio persa sobre os gregos jônicos foi interrompido pelo controle ático durante a maior parte do século V a.C. Nossa questão é, no entanto, a mesma em ambos os casos: quanto o dominador influenciou a historiografia do dominado?

Há três modos em que essa influência pode se manifestar. Uma é a influência direta da historiografia persa. A segunda é a influência de outras historiografias orientais acessíveis no contexto do Império Persa. A terceira é a influência mais genérica, além da historiografia, das instituições e da literatura oriental. A minha sugestão é que a influência das instituições orientais e das tradições literárias além da historiografia parece ser a mais importante. Mas vamos examinar inicialmente a documentação.

IV

Vou examinar a documentação agrupada sob três títulos: (1) o uso de documentos em historiografia; (2) as tradições autobiográficas e biográficas; (3) o contexto novelístico.

Começo pelos documentos. Do lado dos judeus, a questão é mais simples. A historiografia judaica do período pós-êxodo é caracterizada por extensas citações de documentos originais que provêm, ou se diz que provêm, de arquivos. Isso difere do uso implícito de documentos oficiais, tais como a lista dos oficiais mais graduados de Salomão que se encontra no Livro dos Reis (I,4), ou da citação de poesia, como a canção de Débora (Juízes 5). A autenticidade dos documentos não nos interessa aqui, ainda que eu possa considerar autêntica a maioria dos documentos oferecidos em Esdras e em Neemias, no Livro dos Macabeus e em Josefo, o qual herdou o hábito de citar documentos de seus predecessores. Esdras está ciente da importância que os persas atribuíam aos documentos no estabelecimento de direitos legais e assim parece ocorrer também com o Livro de Ester (9,32). Parece natural relacionar esse traço da historiografia pós-êxodo ao impacto do exemplo persa — tanto na prática administrativa quanto talvez (ainda que isso seja bastante incerto) na prática historiográfica das Crônicas Reais.

O lado grego da questão é bem menos claro. Os gregos escreveram história como um povo livre. Não estavam obcecados pela necessidade de reivindicar direitos a seus dominadores, como era o caso dos judeus sob domínio persa, selêucida ou romano. Isso é suficiente para explicar por que a historiografia grega está muito menos preocupada com a citação literal de documentos. Heródoto cita apenas inscrições, oráculos e outros poemas. Ele se vale, no entanto, de outros documentos escritos, tais como a lista das satrapias (III, 89), a descrição do serviço postal persa (V, 52) e o catálogo do exército persa (VII, 61). Cada um desses textos apresenta um problema no que diz respeito a sua origem e a seu valor. Mas é difícil rejeitar de antemão a primeira impressão de que há algum documento persa por trás de cada um deles. Heródoto parece estar familiarizado com a evidência documental persa.

Entre os historiadores gregos que conhecemos, Tucídides é o primeiro a copiar documentos que provêm, em última instância, de arquivos. Curiosamente, vários desses documentos dizem respeito à Pérsia. De onze documentos citados literalmente por Tucídides, cinco têm a ver com a Pérsia: as duas cartas trocadas entre Pausânias e Xerxes e as três versões do acordo de 411 a.C. entre persas e espartanos. Wilamowitz e E. Schwartz pensavam que, se Tucídides tivesse terminado sua obra, ele teria eliminado esses documentos, já que são opostos a seu estilo. Ninguém pode dizer o que Tucídides teria feito se tivesse concluído sua obra, mas é verdade que há algo surpreendente na inclusão desses documentos. Por que Tucídides optou por introduzi-los? Teria sido ele precedido por algum historiador jônico mais próximo dos hábitos orientais? Não temos como responder. A única observação que gostaria de acrescentar é que a nossa referência seguinte a um documento na historiografia grega é, aparentemente, uma carta do rei meda ou persa Stronagaius para a rainha Zarenaia, preservada em um fragmento de Ctésias e descoberta pouco tempo atrás (Pap. Ox. 2330 = frag. Jacoby 8b). Essa carta é uma falsificação bastante ridícula feita pelo próprio Ctésias. Mas estamos de novo em território persa. Helânico (frag. Jacoby 178) já sabia que os reis persas se comunicavam por carta.

Passo agora ao segundo ponto, sobre o estilo biográfico e autobiográfico. Como é bem sabido, o cronista que compilou os livros de Esdras e de Neemias, em sua forma atual, usou partes de suas respectivas autobiografias. A autobiografia de Neemias está esplendidamente preservada. As memórias de Esdras estão, por seu lado, tristemente mutiladas e podem até nem ser autênticas. A ordem cronológica de algumas seções foi claramente desorganizada: uma pena, porque, se assim não fosse, poderíamos saber um pouco mais a respeito desse defensor da Torá, tão solitário e quase desumano em sua aspereza. Hoje é geralmente reconhecido que os dois fragmentos autobiográficos não podem ser tratados de forma isolada em relação à longa tradição oriental de escrita na primeira pessoa. O professor Mowinckel acredita que pelo menos a autobiografia de Neemias estava mais ligada aos documentos babilônicos desse tipo do que àqueles persas. Essa é uma questão mais de gosto do que de argumento. Outros especialistas apontaram para paralelos nas autobiografias egípcias. A inscrição de Behistun de Dario foi conhecida pelos judeus de Elefantina em sua versão aramaica mais ou menos na época em que Esdras e Neemias escreveram seus textos. Tanto Esdras quanto Neemias deram um toque judaico à tradição oriental genérica – mas também especificamente persa – de escrever autobiografias na primeira pessoa.

E os gregos? Sempre houve uma tradição de relatos autobiográficos na literatura grega. Quando Nestor conta sobre seus tempos de juventude na *Ilíada*, é quase uma piada consciente; e também Ulisses nunca economizou detalhes, autênticos ou não, sobre si mesmo. Hesíodo nos conta a seu respeito, de seu irmão e de seu pai. A poesia lírica e a tragédia estão repletas de relatos na primeira pessoa. Em Heráclito e em Empédocles encontramos passagens sublimes acerca deles mesmos na primeira pessoa. Por outro lado, a prosa mais longa, autobiográfica, é algo raro na Grécia clássica. O caso mais óbvio no século V a.C. é aquele de Íon de Quíos, que escreveu na primeira pessoa a respeito de gente que ele conheceu. Ele nos conta como encontrou Sófocles em um banquete em 440 a.C. Hecateu de Mileto começa seu livro histórico com uma declaração programática na primeira pessoa. Tanto Hecateu quanto Íon de Quíos pertenciam à cultura jônica, em que as influências orientais eram muito sentidas.

Talvez seja até mais importante outra observação. Scylax escreveu uma biografia de Heráclides, o tirano de Milasa. Tanto o escritor quanto seu objeto viveram na esfera persa. Em Heródoto, as melhores histórias pessoais (por exemplo, a biografia de Democedes) provêm do Leste. A Grécia metropolitana forneceu a Heródoto muito pouco material biográfico. Até mesmo Tucídides dá atenção aos detalhes biográficos apenas quando seus heróis — Pausânias e Temístocles — estão nas fronteiras do Império Persa. Suspeitamos que os gregos da Ásia Menor estavam mais interessados em detalhes biográficos do que, por exemplo, os gregos de Esparta ou de Atenas.

Essas considerações nos remetem a nosso terceiro ponto, com relação ao pano de fundo novelístico da historiografia judaica e da grega. Na sociedade internacional do Império Persa, as pessoas contavam histórias em escala internacional. O caso clássico de uma história pagã que se transformou em uma história judaica é o da de Achikar, que era conhecido dos judeus de Elefantina desde o século V a.C. e que reaparece no Livro de Tobias. Os gregos certamente conheciam a história de Achikar no século IV a.C., e Demócrito devia estar familiarizado com ela no final do século V a.C. Tomemos outro tema novelístico. De acordo com Heródoto, Otanes acabou descobrindo que o Smerdis que se dizia filho de Ciro era, na verdade, uma fraude. A filha de Otanes, Faidime, estava no harém do pseudo-Smerdis, e o pai dela a encorajou a descobrir a verdade. As palavras de Otanes – "Filha, sois de sangue nobre" – e a resposta de Faidime – "Há de ser um grande risco, mesmo assim eu tentarei" – pode ser uma parte da comunicação entre Mardoqueu e Ester. No Livro de Judite, Holofernes indaga a respeito dos judeus de um modo que é muito similar às perguntas de Atossa sobre os atenienses em *Os persas*, de Ésquilo (230-265). A história de Heródoto sobre a mulher de Intafernes, que preferiu salvar o irmão a salvar o marido e os filhos (III, 119), é genuinamente oriental, como já foi demonstrado por Nöldeke há muito tempo. Quando Wilamowitz assinalou que Judite poderia encontrar um bom lugar nas histórias de Partênio, ele estava sendo propositadamente parcial. Com efeito, nenhuma heroína grega poderia ser tão pedantemente ortodoxa como Judite. Mas ele, no fundo, estava reconhecendo que o pano de fundo novelístico era internacional.

V

Chegamos agora a alguns resultados positivos e a outros negativos. Há claramente elementos orientais tanto na historiografia judaica quanto na grega, mas estes devem ser atribuídos a um cenário cultural comum do Império Persa mais do que a uma influência persa específica. Se há uma influência persa específica, ela está limitada ao uso de documentos e, talvez, ao estilo autobiográfico.

Esses elementos de influência oriental direta são bastante interessantes por si só, mas são, em boa medida, conjeturais e não foram decisivos de modo algum para o futuro da historiografia grega ou judaica. O que é, de fato, decisivo é a reação comum de gregos e judeus às crônicas reais dos impérios do Leste.

Nos tempos pré-êxodo, os judeus tiveram crônicas de seus reis. O autor, ou os autores, dos atuais Livros dos Reis as usou. Mas os Livros dos Reis que lemos hoje não são comparáveis com as Crônicas Reais que conhecemos da Assíria ou com aquelas que podemos assumir terem existido na Pérsia. Os Livros dos Reis são um registro de acontecimentos ligados ao relacionamento de Jeová com a nação hebreia como um todo. Isso, naturalmente, se aplica ainda mais aos produtos definitivamente pós-êxodo, que chamamos de Livros de Esdras e de Neemias e Crônicas. Estas são histórias de uma sociedade religiosa. Dois ou três séculos mais tarde, o autor do Livro Primeiro dos Macabeus mostrou que essa tradição de historiador político e religioso ainda estava viva entre os judeus.

Na Grécia, as crônicas tiveram um papel modesto – se é que tiveram algum papel – na origem da historiografia. Livros a respeito de nações individuais e relatos de grandes guerras certamente precederam a história local. Graças a Heródoto e a Tucídides, os gregos adquiriram aquilo que permaneceria como a sua historiografia mais característica, a história de um grande evento histórico ou de uma ou mais cidades com suas rebeliões internas e suas guerras externas.

Começando a partir de pressupostos bastante diferentes, tanto gregos quanto judeus desenvolveram um tipo de história que não era uma crônica de reis ou de heróis individuais, mas uma da comunidade política. O tipo de história política tanto de judeus quanto de gregos rompeu com o tipo de história persa ou mais genericamente oriental que se centrava na atuação de reis ou heróis individuais: a história política expressava a vida de sociedades que deliberavam com propósitos claros sob a liderança de homens de visão.

Em última instância, a semelhança entre os tipos de história política dos gregos e dos judeus parece provir mais de uma reação contra a Pérsia do que propriamente de uma influência persa. Isso não é motivo de surpresa. Nos séculos VI, V e IV a.C., tanto gregos quanto judeus reorganizaram sua vida comunitária em uma reação consciente à civilização circundante que era basicamente o Império Persa. É um grande elogio à Pérsia que ambos assim o tenham feito sem odiá-la. Com efeito, os persas ajudaram os judeus a estabelecer a sua teocracia. Da mesma forma estiveram prontos a substituir a tirania pela democracia nas cidades gregas quando percebiam que a democracia era desejada. O deutero-Isaías, entre os judeus, e Ésquilo, entre os gregos, reconheceram as qualidades éticas da classe governante persa e fizeram delas o ponto de partida para suas meditações religiosas. A remodelação da vida política na Grécia depois das Guerras Persas tomou, em ocasiões, rumos que nos lembram de acontecimentos paralelos na Judeia. A construção dos muros do Pireu não foi menos importante e não contou com menos oposição externa do que a reconstrução dos muros de Jerusalém. A eliminação dos casamentos mistos na Judeia lembra-nos do decreto de 451-450 que privou da cidadania ateniense aqueles incapazes de provar que ambos os pais eram atenienses. Tanto na Judeia quanto na Grécia, uma sociedade voltada para o internacional era substituída por uma mais restrita e mais voltada à comunidade. Homens que, como Esdras e Neemias, Miltíades e Temístocles, haviam tido um contato muito próximo com a Pérsia eram substituídos por líderes mais enraizados nas tradições locais. As historiografias judaica e grega expressavam a visão de grupos que emergiam para uma nova vida, distante da influência da Pérsia, mas não sem ter experimentado a qualidade ética e religiosa dos governantes persas e não sem ter aprendido algo a respeito de sua técnica de registrar os eventos.

VI

A próxima questão é: quais eram as principais diferenças entre os historiadores hebreus e gregos?

Cada historiador grego é, naturalmente, diferente dos outros; mas todos os historiadores gregos lidam com um número restrito de temas que consideram importantes e todos estão preocupados com a confiabilidade dos dados que deverão usar. Os historiadores gregos nunca pretendem contar todos os fatos da história a partir da origem do mundo, e nunca acreditam que poderão fazer seus relatos sem *historia*, sem pesquisa. Cada historiador grego está preocupado com a importância qualitativa daquilo que vai dizer. Sua tarefa é preservar a memória de fatos passados importantes e de apresentá-los de uma maneira confiável e atrativa. A escolha do tema e o exame dos dados dependem de vários fatores, entre eles a integridade intelectual do próprio historiador. Ctésias, que se dizia um investigador cauteloso, resultou ser um mentiroso. A questão, no entanto, é que ele tinha de se dizer um pesquisador confiável para assim angariar o respeito dos outros. Há uma implicação importante em tudo isso. O historiador grego quase sempre acredita que os acontecimentos passados têm relevância para o futuro. Na verdade, eles não seriam importantes se não ensinassem alguma coisa para aqueles que leem a seu respeito. A história relatada tem sempre que prover um exemplo, constituir uma lição, servir de referência para os desenvolvimentos futuros dos assuntos humanos. Não há qualquer indicação nos historiadores gregos de que acreditassem em uma recorrência inevitável e regular dos acontecimentos. A noção muitas vezes repetida de que os historiadores gregos tinham uma ideia cíclica do tempo é uma invenção moderna. Há apenas um único historiador grego – Políbio – que aplica a noção de ciclo aos acontecimentos históricos, mas o faz apenas parcialmente, quando trata da evolução das constituições, deixando os acontecimentos militares e políticos mais comuns fora do ciclo. Mesmo no caso das constituições, sua teoria não tem nada do rigor e da consistência a ela atribuídos pelos intérpretes modernos. O que a atitude grega com relação à história invariavelmente implica é que o historiador não apenas relata os fatos como também estabelece uma ligação entre eles: em outras palavras, ele procura as causas e as consequências, e nessa tarefa chega a ser bastante sofisticado. Para ter uma sequência correta, sem a qual nenhuma explanação confiável é possível, os acontecimentos precisam ser datados. Desde seu desenvolvimento mais antigo, a historiografia grega esteve preocupada com a cronologia, ainda que seja errado afirmar que a investigação cronológica entre os gregos tenha servido apenas ao propósito da explanação causal. A cronologia era necessária também porque a antiguidade ou a longa duração ou ambas eram critérios de importância. Tucídides foi uma exceção ao admirar a Constituição dos Cinco Mil, a qual, além de ser recente na época, durou pouco (VIII, 97). O grego comum gostava daquilo que durava muito ou que ao menos fosse muito antigo.

Por outro lado, os historiadores gregos estavam bastante conscientes da importância da apresentação literária. Pelo menos a partir da época de Tucídides, eles sabiam que, sob certas circunstâncias, uma forma literária atraente poderia agir contra os interesses da verdade. De modo geral, o historiador grego estava sempre atento ao perigo de afirmar algo que não fosse verdadeiro ou sequer provável. Não que sempre tentasse evitar esse perigo, mas a escolha entre o que era verdadeiro e o que não era – ou pelo menos entre o que era provável e o que não era –, constituía, para os gregos, uma condição inerente ao trabalho do historiador.

Se passarmos para os historiadores hebreus, assim como os lemos na Bíblia, o quadro é bastante diferente. Em uma época anterior, os historiadores hebreus selecionavam períodos especiais para relatar em seus livros: sabíamos, por exemplo, da crônica do reino de Salomão (I Reis II,41). Mas o que temos na Bíblia é uma história contínua da origem do mundo. Se aderirmos à teoria de que o assim chamado Jeovista compilou o primeiro rascunho dessa história contínua, chegaremos até o século X ou IX a.C. Isso não significa que os homens que reuniram os livros históricos da Bíblia – assim como os temos – não tivessem um critério de seleção. A seleção fundamentava-se em uma linha privilegiada de eventos que mostrava a relação especial que Jeová mantinha com Israel. Assim, para o historiador hebreu, a historiografia logo se tornou uma narração de eventos a partir do início do mundo, de uma forma que nenhum historiador grego jamais concebeu. Os critérios de confiabilidade eram também completamente diferentes. Os judeus estiveram sempre demasiadamente preocupados com a verdade. O deus hebreu é um deus da verdade. Nenhum deus grego, até onde eu sei, é chamado de *alethinós*, verdadeiro. Se deus é verdade, seus seguidores têm a obrigação de preservar um registro verdadeiro dos acontecimentos em que deus manifestou sua presença. Cada geração é obrigada a transmitir para a geração seguinte um relato verdadeiro do que aconteceu. A lembrança do passado é uma obrigação religiosa do judeu que era desconhecida para os gregos. Consequentemente, a confiabilidade em termos judaicos coincide com a veracidade dos transmissores e com a verdade última do deus em que acreditam os transmissores. Supunha-se que tal confiabilidade era também sustentada por registros escritos de uma forma desconhecida das cidades gregas. Flávio Josefo orgulhava-se – não sem razão – de que os judeus haviam organizado melhor os registros públicos do que os gregos (*Contra Apionte* I, 1 ss.).

O que Josefo não percebeu é que os gregos tinham critérios pelos quais julgavam os méritos relativos das várias versões, coisa que os judeus não tinham. A própria existência de várias versões de um mesmo evento era algo, até onde eu me lembre, não percebido pelo historiador bíblico. A diferença entre várias versões na Bíblia é uma aplicação moderna dos métodos gregos aos estudos bíblicos. Na historiografia hebreia a memória coletiva sobre os acontecimentos passados não poderia jamais ser verificada por meio de critérios objetivos. Se sacerdotes forjassem registros – lembremos que os sacerdotes estiveram sempre inclinados a falsificações devotas em todas as épocas –, o historiador hebreu não possuía instrumentos críticos para descobrir essa falsificação. Como a historiografia moderna é uma historiografia crítica, ela é naturalmente um produto grego, e não judeu.

Com isso, no entanto, não terminamos nossa história. Os gregos gostavam de história, mas nunca fizeram dela o fundamento de suas vidas. O grego educado voltava-se para as escolas de retórica, para os cultos de mistério ou para a filosofia, em busca de orientação para a vida. A história nunca foi uma parte essencial da vida grega – nem mesmo (suspeitamos) para aqueles que a escreviam. Deve haver muitas razões para essa atitude dos gregos, mas certamente um fator importante era que a história era muito suscetível às incertezas e pouco passível de oferecer um guia irrefutável. Para o hebreu bíblico, a história e a religião eram uma única coisa. Essa identidade, por meio dos Evangelhos, nunca deixou de ser relevante para a civilização cristã. Entretanto, conhecemos o paradoxo inerente a essa situação. Os gregos nunca perderam interesse na história e transmitiram esse interesse como parte de sua herança cultural. Os judeus, para quem a história tinha um significado muito maior, abandonaram a prática da historiografia quase por inteiro do século II até o século XVI e retomaram os estudos históricos apenas sob o impacto da Renascença italiana.

A questão de como a historiografia grega sobreviveu à própria cristianização deverá ser abordada em outro contexto. Aqui, basta sugerir que a historiografia grega sobreviveu porque foi introduzida uma distinção entre a história sagrada e a história profana. Queremos ainda levantar uma última questão: o que terá impedido a historiografia hebraica de se desenvolver mais e de competir com a historiografia grega?

VII

É necessário que estejamos atentos às respostas já prontas. Em mais de um sentido, não houve uma ausência de investigação entre os historiadores judeus. Se por investigação entendemos a descoberta de documentos em arquivos ou a utilização de histórias anteriores (mais antigas), vimos como existiu uma boa quantidade de investigação. Por outro lado, se por investigação entendermos o cuidado ao retratar a situação política contemporânea, os Livros de Esdras e de Neemias e o Livro Primeiro dos Macabeus são bons modelos. Eles nos oferecem um quadro coerente do desenvolvimento político e permitem-nos visualizar o que realmente ocorreu. Constituem mais do que o material necessário para futuros historiadores. São historiografia pensada. Não havia nada de errado com essa historiografia judaica, exceção feita ao fato de ela ter morrido e não ter se transformado em uma parte do modo de vida judeu. Os judeus não continuaram escrevendo história. Perderam o interesse pela pesquisa histórica. Até mesmo o Livro Primeiro dos Macabeus deixou de ser um livro judeu. Permitiu-se que o seu texto hebraico original desaparecesse e a tradução grega foi preservada pelos cristãos. O aparecimento do Livro de Daniel no cânone judaico provoca inúmeros comentários, mas aqui apenas um interessa ao meu propósito. Especulações fantásticas sobre desenvolvimentos históricos não são necessariamente contrárias ao interesse dos estudos históricos; oferecem, sim, um esquema para a coordenação dos acontecimentos históricos. Constituem um desafio constante para os eruditos que amontoam os fatos sem serem capazes de organizá-los. Mesmo hoje, há professores de História que buscam inspiração na leitura cuidadosa de Daniel. Mas qualquer princípio de coordenação dos fatos é útil apenas se os fatos estão disponíveis. Onde a história é estudada, até mesmo Daniel é útil. Os fatos estiveram à disposição dos cristãos. É desnecessário explicar aqui o importante papel que o Livro de Daniel teve na filosofia cristã da história desde Clemente de Alexandria até Hegel. A não utilidade ou a quase não utilidade de Daniel na tradição judaica se deve à ausência da pesquisa histórica entre os judeus.

Nossa pergunta, portanto, talvez deva ser reformulada em outros termos: Por que os judeus perderam o interesse pela pesquisa histórica? A realidade dessa mudança não pode ser posta em dúvida. A própria maneira como a história é tratada nos livros de Daniel, Ester, Judite e, poderíamos acrescentar, Tobias, mostra que, em torno do século II a.C., o interesse pela história encontrava-se em um nível muito baixo. O Livro Primeiro dos Macabeus, escrito por volta de 100 a.C., foi provavelmente uma produção excepcional. Alguns livros históricos foram certamente escritos em hebraico ou em aramaico bem mais tarde. Antes de se tornar um historiador grego, Flávio Josefo escreveu um livro em aramaico. Mas o lapso entre o desaparecimento do Josefo aramaico e o aparecimento do assim chamado Josippon na Itália no século X é enorme. Com efeito, o lapso é ainda maior, já que apenas durante o século XVI os judeus italianos começaram a se interessar seriamente pela história judaica. Não há nada que preencha esse lapso: nem a compilação minuciosa de *Megillath Ta'anit* nem o *Seder 'Olam Rabbah*, nem o assim chamado *Liber antiquitatum biblicarum*, escrito em hebraico, talvez no século I d.C., e preservado em uma tradução tardia para uso cristão. Outros escritos, como *Megillath Antiochos*, o qual não possui qualquer valor histórico, não merecem ser levados em consideração neste contexto. O único tipo de tradição histórica em que os judeus estiveram realmente interessados (afora os eventos bíblicos) era a relação dos diversos rabinos com os seus predecessores: o *Seder Tannaim WaAmoraim* é tardio (século IX), mas é bastante típico daquilo que podemos chamar de história da transmissão de aprendizado. Já foi observado por Moritz Steinschneider que os judeus medievais interessaram-se por todos os aspectos da cultura árabe – matemática, filosofia, medicina e poesia –, mas não por história. Steinschneider cita uma passagem eloquente de Maimônides, que declara que os livros históricos são pura perda de tempo.

O desaparecimento do Estado judeu não explica satisfatoriamente o fim da historiografia judaica, ainda que certamente tenha contribuído para esse acontecimento. A historiografia judaica já estava em uma situação crítica mesmo antes do final do Estado judeu, e não há qualquer lei da natureza que determine que a historiografia deva terminar quando acabe a independência política. Os gregos não perderam interesse pela história quando se tornaram súditos de Roma. A historiografia armênia sobreviveu à independência da Armênia; e a historiografia maronita desenvolveu-se em condições de submissão política.

A resposta que podemos dar à pergunta que fizemos talvez tenha dois aspectos. Por um lado, os judeus que vieram depois da Bíblia pensavam que esse livro continha toda a história que realmente importava: a supervalorização de um certo tipo de história implicava uma subvalorização de todos os demais eventos. Por outro lado, todo o desenvolvimento do judaísmo conduziu a algo que não era histórico, que era eterno, a Lei, a Torá. O sentido que os judeus acabaram dando à Torá eliminou o interesse que tinham em uma historiografia mais geral.

"Não há na Torá nem mais cedo nem mais tarde" (*Pes.* 6 b). Com efeito, como todos sabemos, "O próprio Deus senta-se e estuda a Torá" (*Ab. Zarah* 3 b). A familiarização cotidiana com o Eterno não requer nem admite a explicação histórica. A vida, tal como regulada pela Torá, apresentava aquela simplicidade formidável que eu ainda pude observar em meu avô, um homem conhecido entre os judeus italianos por sua piedade e sabedoria. A história não tinha nada a explicar e pouco a revelar ao homem que meditava sobre a Lei, dia e noite. A Torá não é apenas permanente em seu valor, mas é também regular em seus efeitos. Há algo paradoxal no fato de que os melhores escritores de autobiografias da Antiguidade – Esdras e Neemias – tenham organizado o judaísmo de tal forma a tornar a história não necessária. Suas memórias fragmentárias têm para nós o fascínio de representar os últimos passos de uma viagem em direção a um mundo onde até a história *a contrario*, a profecia, deixa de ser importante e apenas a obediência invariável à Torá permanece repleta de sentido.

Enquanto a concepção judaica da Lei conduziu a uma indiferença com relação à investigação histórica, a concepção grega de lei tornou-se uma fonte inesgotável de investigação histórica no século V a.C. Não foi por acaso que a historiografia se desenvolveu naquele século, durante a maturidade plena da democracia jônica e ática. A vitória da democracia foi a vitória da mobilidade e da reforma social: foi a vitória da escolha livre e racional. Aguçou o interesse das teorias políticas e das mudanças constitucionais; convidou a comparação entre as instituições gregas e não gregas e entre os vários tipos de instituições. Os especialistas modernos estão inclinados a subvalorizar o volume de reflexão envolvida nos detalhes práticos das reformas constitucionais. Porque os séculos VI e V a.C. foram repletos de esquemas e dispositivos constitucionais, os historiadores contemporâneos deram-se conta da existência de uma variedade de instituições políticas e costumes sociais. Muitos teóricos constitucionais cujos nomes já se perderam devem ter existido na Grécia desses séculos. Ao criar a democracia, eles também criaram um ambiente propício para que o Nomos – a Lei – se tornasse objeto da *historia*. A discussão era tão abrangente que envolveu um poeta como Píndaro e um médico como Hipócrates, sem falar do historiador Heródoto.

A Lei grega, o Nomos, não era apenas compatível com a pesquisa histórica, mas, da forma como era entendida no século V a.C. e também mais tarde, provou ser um dos principais ingredientes da escrita histórica. A Lei dos judeus estava definitivamente além da História.

VIII

A historiografia judaica em língua grega não é uma exceção, simplesmente porque pertence à civilização helenística, e não à judaica. Todas as nações que entraram em contato com os gregos na época helenística (e mesmo antes) produziram livros em grego a respeito de suas respectivas histórias nacionais. Eles assim o fizeram porque os gregos os ensinaram a ver a si mesmos de uma forma diferente por meio da *historia* helênica, e em parte porque queriam fazer-se respeitáveis diante dos gregos. Em todo caso, pagavam um tributo a uma civilização estrangeira. Escritores judeus que escreveram em grego sobre a história judaica, ou sobre qualquer outra história, não podem ser julgados de uma maneira diferente. Eles faziam um esforço para pensar em grego de acordo com categorias gregas. Os romanos foram além desse estágio, já que logo deixaram de escrever em grego e passaram a produzir trabalhos históricos em latim. O resultado é que a historiografia grega se tornou parte da cultura latina. Salústio, Lívio, Tácito e Amiano Marcelino foram meras consequências. Hoje escrevemos história em nosso próprio idioma porque os romanos romperam o tabu e mostraram, por seu exemplo, que a *historia* grega pode também ser feita em outras línguas. Tanto quanto sei, nem os egípcios, nem os babilônios, nem os judeus jamais pensaram que esse tabu pudesse ser rompido. Poucos ou nenhum deles escreveram o tipo grego de história em egípcio ou em babilônio ou em hebraico. Por essa razão, os judeus, diferentemente dos romanos, devem ser colocados entre as nações que não assimilaram a historiografia grega. A historiografia de tipo grego nunca se tornou uma parte da vida dos judeus.

Há, no entanto, uma diferença importante entre os judeus de um lado e os egípcios ou babilônios de outro. Indivíduos egípcios ou babilônios adotaram a língua grega e se passavam por gregos. Mas não se pode reconhecer uma variante da civilização grega produzida por esses egípcios ou babilônios que falavam o grego. Ao contrário, há um tipo muito específico de helenismo que foi o helenismo judeu. Existiram comunidades inteiras que, mesmo considerando-se judias e praticando a religião judaica, falavam o grego, pensavam em grego e mal sabiam o hebraico ou o aramaico. Por pelo menos sete ou oito séculos, o grego permaneceu como uma língua cultural alternativa para os judeus. O fato de judeus escreverem história em grego é, portanto, um fenômeno muito mais importante e complicado do que o aparecimento esporádico de egípcios, babilônios ou persas escrevendo suas histórias nacionais em grego. Alguns dos judeus que escreveram história em grego confundiam-se com pagãos. O judeu siciliano Cecílio de Calacte escreveu a respeito das rebeliões de escravos na Sicília e também sobre teoria da história de uma forma aceita por Dionísio de Halicarnasso e por outros pagãos, membros da sociedade educada do início do século I d.C. Um Demétrio do século III a.C. e um Eupolemo do século II a.C., que escreveu a respeito da história judaica, foram tidos como pagãos por Josefo. Mais tarde, Eusébio percebeu, não sabemos bem como, que eles eram judeus. Não há dúvida de que alguns judeus se disfarçaram de pagãos de modo a tornar a sua propaganda mais eficaz – alguns até interpolaram em suas obras trabalhos pagãos autênticos, tais como os escritos de Maneto e de Hecateu de Abdera, de modo a neutralizar comentários hostis por parte de pagãos. Outros judeus foram verdadeiros sincretistas que misturaram livremente elementos pagãos e judaicos. Artapanos atribui a introdução de cultos egípcios a Moisés, e Cleodemos apresentou Héracles como o companheiro de três filhos de Abraão. Não temos razão de suspeitar de motivos ulteriores. Outros foram judeus piedosos que pensaram a história judaica em um estilo literário grego, mas com poucas concessões às ideias religiosas gregas. Jasão de Cirene, cujo trabalho a respeito da revolta dos Macabeus foi resumida no Livro Segundo dos Macabeus, escreveu no estilo trágico típico da historiografia helenística. Como foi apresentado por Elias Bickerman em seu grande pequeno livro *Der Gott der Makkabäer* [O deus dos Macabeus], Jasão era mais tradicional com relação à postura religiosa do que o autor judeu do Livro Primeiro dos Macabeus. Ele se mantinha fiel ao princípio de que a fortuna ou o infortúnio dos judeus dependia inteiramente de sua maior ou menor observância da Lei. O autor do Livro Primeiro dos Macabeus estava determinado a culpar os selêucidas pelas perseguições. Mas seria errôneo acreditar que mesmo Jasão fosse um homem que simplesmente apresentava as ideias judaicas à moda grega. Jasão via a vitória macabeia como o fruto do martírio. Ele foi o primeiro historiador a fazer do martírio o centro de sua exposição. A importância de sua descoberta fica demonstrada pelo lugar ocupado pelos mártires macabeus na tradição cristã. A origem da noção de martírio é um tema conhecido pela polêmica que existe a seu respeito. Ao menos podemos afirmar que não era exclusivamente uma noção hebraica. Ainda que a teoria estoica do martírio não tenha sido explicada com detalhes em nossas fontes anteriores a Epiteto, Sócrates tinha sido o protótipo do mártir filosófico por séculos. O Livro Segundo dos Macabeus encontra-se na fronteira entre o pensamento judeu e o grego.

Filo é outro historiador que não pode ser classificado nem como judeu nem como grego. Apenas parte de seu relato dos acontecimentos que ocorreram ao mesmo tempo em Roma e em Alexandria sobreviveu, e não é fácil formar uma ideia do que ele queria de fato provar. Mas ele trabalhava com noções elaboradas, tais como *pronoia*, *arete* e *palinodia*, que não são facilmente traduzidas ao hebraico. Quanto a Josefo, ele não escrevia tendo como foco os judeus helenizados. Escrevia para pagãos. Ele queria apresentar a história judia para leitores gregos educados e relatar a Guerra Judaica de um modo que enaltecesse a todos, inclusive a ele próprio, com exceção feita a uma minoria de judeus fanáticos. Ninguém, até onde se sabe, explicou de modo satisfatório por que e como foi feita aquela estranha mistura, no século X, do Livro Segundo dos Macabeus, de Josefo e de outros escritos que ficou conhecida como a obra do judeu Josippon e tampouco como esta se tornou, nos séculos posteriores, uma leitura amena e popular. Não há dúvida de que nos séculos IX e X ocorreu certa retomada do interesse pela história entre os judeus. Talvez tenha começado com uma curiosidade sem critérios a respeito do destino das dez tribos perdidas que o famoso Eldad-Hadani explorou. Há muito que se investigar a respeito desses episódios obscuros da historiografia hebraica medieval. Mas, certamente, nenhuma nova descoberta deverá contradizer a conclusão óbvia de que nem o Livro Segundo dos Macabeus, nem Filo, nem Josefo foram reabsorvidos à tradição judaica. Eles permaneceram ativos apenas na tradição cristã. O Livro Segundo dos Macabeus, em espírito, senão em forma, está por trás da *Acta martyrum* cristã. A concepção de história de Filo está relacionada a *De mortibus persecutorum*, de Lactâncio. De modo geral, Filo é predecessor dos platonistas cristãos. Finalmente, Josefo é um dos escritores sem o qual Eusébio não teria sido capaz de inventar a história eclesiástica.

O judaísmo ortodoxo não foi impermeável às influências gregas. A própria organização da educação tradicional judaica é inconcebível sem o exemplo da *paideia* grega. Mas a história nunca foi parte da educação judaica. O judeu culto era tradicionalmente um comentador de textos sagrados, e não um historiador. Até o século XVI, os estudiosos judeus não se interessaram por reexaminar criticamente o passado judeu, o que se deu como um produto indireto da Renascença italiana. Na medida em que os humanistas italianos usaram os métodos da filologia e da história grega, os estudiosos judeus também restabeleceram contato com o pensamento histórico grego. Chego quase à minha história familiar quando retomo o nome de Azariah de' Rossi, estudioso originário de Mântua que ofereceu em seu *Me'or 'Enayim* [Luz dos olhos] o primeiro exemplo impressionante da aplicação dos métodos históricos renascentistas à história judaica. Os métodos críticos gregos, salvo melhor juízo, voltaram ao judaísmo por via da Itália. O próximo passo seria o *Tractatus Theologicus-Politicus*, de Espinosa.

Espinosa retornou aos princípios fundamentais da pesquisa histórica grega no sentido de que ele tratou da história bíblica como qualquer outra história à moda dos gregos. Além disso, se é em geral verdade que os estudiosos renascentistas logo ultrapassaram o que os gregos foram capazes de fazer em termos de interpretação histórica de textos antigos, isso é particularmente verdadeiro com relação a Espinosa. Ele pôde se apoiar no conhecimento íntimo da Bíblia e na observação aguda dos detalhes de gerações e gerações de estudiosos judeus. Ele mesmo estava ciente de sua dívida com Ibn Esdras.

Entretanto, nem mesmo Espinosa foi um verdadeiro historiador do judaísmo. Quando disse *"dico methodum interpretandi Scripturam haud differre a methodo interpretandi naturam"* [o método de interpretar a Escritura não difere em nada do método de interpretar a natureza] (Tract. Theol.-Pol., 7.6), ele certamente reafirmava os princípios de investigação livre que haviam se tornado possíveis graças à historiografia grega. Mas ele estava interessado em verdades eternas, em vez de em acontecimentos históricos. Sua crítica da Bíblia era parte de sua filosofia, e não uma contribuição à história dos judeus. Isso não prejudicou, certamente, seu pensamento, mas o encontro entre o espinosismo e a pesquisa histórica foi um desenvolvimento posterior que teria surpreendido ao próprio Espinosa.

Diferentemente dos judeus, os cristãos mantiveram, ou melhor, depois de um intervalo, retomaram seu interesse pela história. A espera do fim do mundo era um fato muito mais opressor entre cristãos que entre judeus e resultou em uma avaliação crítica contínua de eventos como portentos. O pensamento apocalíptico era um estímulo à observação histórica. Além disso – e isto foi decisivo – a conversão de Constantino implicou a reconciliação da maioria dos líderes cristãos com o Império Romano (especialmente no Oriente) e deu à Igreja um lugar preciso nas questões mundanas. O que os historiadores cristãos fizeram de modo a justificar e esclarecer esses desenvolvimentos será o tema de minha última palestra. Por ora, basta que assinalemos que, no momento em que a historiografia cristã começou a desenvolver-se mais intensamente nos séculos III e IV d.C., a historiografia judaica em hebreu era algo do passado remoto: não houve nenhum historiador judeu influente que tenha escrito em grego depois de Flávio Josefo. A historiografia grega pagã era muito mais vital e desafiadora. Os historiadores eclesiásticos cristãos, ainda que inevitavelmente influenciados por Daniel e por Josefo, adotaram em última análise os métodos da historiografia pagã – mas não, como veremos, da historiografia política grega.

Capítulo 2
A tradição herodotiana e tucididiana

I

Espero que o meu primeiro capítulo tenha pelo menos deixado claro que, apesar de eu ser capaz de dizer muita bobagem, não sou tão perverso a ponto de negar que os gregos sabiam o que era a história. Quando leio "A primeira coisa que devemos lembrar a respeito da consciência histórica grega é que, em essência, ela é a-histórica",[1] pergunto-me o que esse crítico quis dizer. A noção de que a mente grega era a-histórica tem, é claro, um *pedigree* respeitável. Este remonta a Collingwood e Reinhold Niebuhr até Hegel. É comum entre os teólogos, pois estes estão naturalmente inclinados a pensar que o cristianismo apresenta um ponto de partida novo e melhor para a compreensão da história. Assim, lemos que os gregos não tinham uma mente histórica porque eles pensavam em termos de padrões regulares ou recorren-

---

1 T. F. Driver, *The Sense of History in Greek and Shakespearean Drama*. Nova York: Columbia University Press, 1960, p.19.

tes, de leis naturais ou de substâncias atemporais, e assim por diante. Até mesmo o pessimismo grego é tido como prova de que os gregos eram incapazes de compreender a história.

Boa parte dessa argumentação se fundamenta em uma vaga generalização a respeito da mente grega – generalização que demonstra maior familiaridade com Pitágoras, Platão e Zenão, o Estoico, do que com Heródoto, Tucídides e Políbio. Se você identificar Platão com a mente grega, você chegará à conclusão de que a mente grega não se interessava por história. Da mesma forma você talvez conclua que a mente francesa não se interessa por história porque Descartes era francês. Sustentar que Platão é um representante mais típico da civilização grega do que Heródoto é uma generalização arbitrária. Outra generalização arbitrária é sustentar que todos os historiadores gregos e romanos acreditavam em ciclos regulares de acontecimentos humanos: Heródoto não acreditava, e tampouco Teopompo, Tito Lívio, Arriano e Tácito. É ainda outra generalização arbitrária sustentar que um historiador cristão escreverá uma história melhor simplesmente por ser cristão. Heródoto é muito melhor que qualquer historiador medieval que conheço, com a possível exceção de Ibn Khaldun – que não era cristão e que acreditava em processos circulares da história. A verdadeira questão não é se os gregos tinham uma mente histórica, mas sim quais os tipos de história que escreveram e que nos transmitiram. Começo pela história política, mas devo remontar ao tempo em que a história política não tinha ainda sido inventada.

Mesmo correndo o risco de sermos ingênuos, devemos lembrar-nos de alguns fatos básicos. Os homens escrevem a história quando querem registrar acontecimentos em um quadro cronológico. Todo registro é uma seleção, e ainda que uma seleção de fatos não implique necessariamente em princípios de interpretação, muitas vezes é o que acontece. Acontecimentos podem ser escolhidos para registro porque tanto explicam uma mudança ou apontam para uma moral quanto indicam um padrão recorrente. A conservação da memória do passado, o quadro cronológico e uma interpretação dos acontecimentos são elementos de historiografia encontrados em muitas civilizações. Um cronista mongol do século XVIII é mais eloquente a respeito desses aspectos da escrita da História do que qualquer historiador grego: "Se o homem comum não conhece suas origens, ele é como um macaco louco. Ele, que não conhece ao certo as relações de sua grande família, é como um dragão descomunal. Ele, que não conhece as circunstâncias e o curso das ações de seu nobre pai e avô, é como um homem que, tendo preparado a dor para seus filhos, os lança neste mundo."

O que me parece ser tipicamente grego é a atitude crítica com relação ao registro de acontecimentos, isto é, o desenvolvimento de métodos críticos que nos permitem distinguir entre fatos e fantasias. Até onde vão meus conhecimentos, nenhuma historiografia anterior à dos gregos, ou independente desta, desenvolveu esses métodos críticos; e nós herdamos os métodos gregos.

Mas as populações de língua grega que invadiram o que chamamos Grécia no segundo milênio a.C. não possuíam um dom natural para a crítica histórica. A crítica histórica tem início na Grécia apenas no século VI a.C., e seria errôneo afirmar que Homero ou Hesíodo contribuíram para o que há de específico na historiografia grega. Não há dúvida de que contos como os de Homero serviram de modelo para a narrativa histórica. Eles demonstravam interesse pelo passado e um dom extraordinário para relembrá-lo. Por outro lado, a especulação genealógica foi um jogo favorito entre os gregos pelo menos desde Hesíodo, e provavelmente antes dele. Pensar em termos de uma *arché*, de um começo e de um desenvolvimento, parece ter sido um traço constante do pensamento grego desde o princípio. Se soubéssemos mais a respeito daquelas composições misteriosas que circularam nos tempos helenísticos como "arcaicas" – como os poemas de Simônides de Amorgos (início do século VI a.C.?) –, talvez encontrássemos alguma ligação a mais entre Homero e o estilo dos mais antigos historiadores gregos. Mas não houve continuidade de pensamento histórico de Hesíodo até Hecateu. Em algum ponto entre eles ocorreu uma revolução. Uma parte da revolução foi política: a descoberta da importância da lei como fator de diferenciação nas sociedades humanas. A outra parte da revolução foi filosófica: a rebelião contra a tradição; a procura de novos princípios de explanação; a ascensão da dúvida como estímulo intelectual para as novas descobertas.

Há um nome que quase nunca é mencionado no estudo das origens da historiografia grega: o gênio rebelde de Xenófanes. Ele se recusou a acreditar nos deuses tradicionais; enfatizava a incerteza do conhecimento humano e a relatividade das concepções humanas. Estava interessado em descobertas e invenções. Diz-se que ele havia escrito poemas a respeito da fundação de Cólofon e da colonização de Vélia; mas ao menos com relação a esta última parece se tratar de uma falsificação. Ao estudar os fósseis, ele certamente tentou adivinhar fatos a respeito do passado da terra. Em um fragmento extraordinário lemos: "Conchas são encontradas no interior, nas montanhas e nas pedreiras de Siracusa [...] uma impressão de peixe e de uma planta marinha foi achada, se encontraram uma impressão de uma folha de louro nas profundezas de uma rocha em Paros e, em Malta, formas planas de todos os espécimes marinhos" (fr. 187 Kirk-Raven). Tucídides adotou um método que faz lembrar esses estudos de fósseis quando examina os costumes remanescentes de épocas passadas da Grécia. Xenófanes indica em um de seus poemas que teria vivido já 92 anos. Sua vida deve ter se estendido de 560 a.C. a mais ou menos 470 a.C. – o século em que Hecateu atingiu a maturidade e em que Heródoto era um menino.

Xenófanes não parece ter realizado qualquer revisão sistemática da tradição histórica grega ou sequer ter formulado qualquer critério a respeito de sua validade. Entretanto, ao questionar as opiniões tradicionais a respeito dos deuses, ele tornou inevitável o exame daquela parte da história grega que constitui a fronteira entre deuses e homens. Hecateu, aquele milésio sutil e duro que com relutância assumiu a liderança da rebelião jônica entre 500 a.C. e 494 a.C., realizou esse exame. Ele escreveu sobre a geografia da terra e as genealogias dos gregos. Usou os resultados da pesquisa extensiva nas terras orientais, e especialmente na Fenícia e no Egito, para mostrar que os mitos gregos eram insustentáveis porque iam contra os fatos estabelecidos pela cronologia oriental. A história mais conhecida sobre ele é registrada por Heródoto (II, 143): Hecateu se vangloriava diante dos sacerdotes de um templo egípcio por poder contar dezesseis ancestrais, sendo o 16º um deus. Isso significava pôr a idade heroica dezesseis gerações antes de 500 a.C. A resposta dos sacerdotes egípcios foi a de apresentar Hecateu às imagens de 345 gerações de seus predecessores –

sacerdote após sacerdote, sem qualquer traço de deus ou de herói no começo da lista.

Um homem que desejasse aderir à tradição de sua própria família não teria qualquer dificuldade em aceitar o desafio dos sacerdotes egípcios. Teria respondido que evidentemente os deuses teriam mantido um contato mais prolongado com os gregos do que com os egípcios. Mas Hecateu não estava disposto a tanto. A lição que aprendeu ficou registrada na introdução a uma de suas duas obras – as *Genealogias*. Em palavras que ainda não perderam a sua força depois de 2.500 anos, ele proclamou: "Eu, Hecateu, direi o que acredito ser a verdade; as histórias dos gregos são muitas e são ridículas". A nova atitude com relação à tradição é clara. Basta compará-la àquela de Hesíodo. Hesíodo sabia que era falível. Ele cantou o que as Musas lhe disseram, e ele sabia que as Musas nem sempre falavam a verdade. Mas ele não tinha um modo de controlar a inspiração que tinha recebido delas.

Hecateu encontrou, de fato, um critério objetivo de escolha entre fatos e fantasias. Ele não estava mais à mercê das Musas, e voltou-se para as evidências estrangeiras. Por comparação com a tradição que não era grega, a tradição grega tornava-se ridícula. A ampliação do horizonte geográfico resultou também em uma extensão da estrutura cronológica da tradição, com resultados desastrosos para o modo grego de medir o passado. Além disso, Hecateu mencionou explicitamente a multiplicidade dos relatos gregos. Os *"logoi"* gregos eram "muitos" e "ridículos". Ele parece dizer implicitamente que as tradições gregas, já que eram muitas, contradiziam umas às outras e aumentavam seu próprio absurdo.

Até aqui, penso, as coisas estão claras. Mas os fragmentos remanescentes não nos permitem perceber qual foi o passo seguinte de Hecateu. Teria ele concluído que pelo menos alguns dos deuses gregos e heróis eram pura ficção? Ou será que atribuía aos deuses gregos o mesmo nível cronológico dos deuses egípcios? No último caso, teria ele sugerido que os gregos estabeleceram sua cronologia em vista de uma confusão entre os homônimos humanos mais tardios dos deuses e os verdadeiros deuses? A resposta depende em grande medida do quanto estamos preparados para encontrar de Hecateu no texto de Heródoto. Heródoto certamente fez a diferenciação, no Livro II, entre um Héracles que era um deus e um Héracles que era um herói. E há várias boas razões para se acreditar que, quando escreveu o Livro II, a respeito do Egito, ele estava sob o fascínio de seu predecessor. Mas é certamente arriscado atribuir a Hecateu aquelas opiniões muito racionais presentes no Livro II de Heródoto. Os fragmentos que podemos atribuir com certeza a Hecateu simplesmente sugerem que ele não via nada de sobre-humano nos relatos comuns a respeito de Héracles. Outros fragmentos mostram a mesma tendência a criticar a tradição ao eliminar o cão Cérbero e ao reduzir o número dos filhos de Aegyptus. Os limites e métodos dessa racionalização não são fáceis de ser compreendidos. Em pelo menos um caso, Hecateu registra a tradição e então comenta: "Ridículo e inacreditável e, no entanto, é isso o que dizem" (fr. 328 Jacoby). Aparentemente, nesse caso ele não se sentia capaz de oferecer uma versão alternativa própria.

Será prudente não tentar forçar a documentação concernente a Hecateu para que se encaixe em algum tipo de modelo coerente. Não sabemos se ele estava preparado para negar a existência dos deuses na religião grega, apesar de seus pensamentos parecerem levá-lo nessa direção. Ele não recusou a crença em experiências não usuais e naquilo que chamaríamos de milagres enquanto não fossem empregados para fundamentar os mitos tradicionais. A tendência geral de sua crítica parece ter sido a de atribuir aos homens o que a tradição atribuía aos deuses. A importância real de Hecateu não reside nas interpretações individuais que ele propunha, mas na descoberta de que uma crítica sistemática da tradição histórica é tanto possível quanto desejável, e que uma comparação entre diferentes tradições nacionais nos ajuda a estabelecer a verdade.

A situação em que vivia o levou, paradoxalmente, a se tornar o líder da rebelião jônica contra os persas: mas ele nunca deixou de ser um *philo-barbaros*. Heráclito não gostava dele talvez pela mesma razão que Hegel não gostava de B. G. Niebuhr. O pensador conservador demonstra pouca simpatia pelo investigador empírico que tem uma visão um pouco mais liberal. Hecateu, por sua erudição, tornou absurda a reivindicação dos aristocratas gregos, como Heráclito, de serem de descendência divina. A admiração de Hecateu pelos bárbaros tinha tonalidades políticas, da mesma forma como havia tonalidades políticas na admiração de Niebuhr pelos camponeses romanos.

II

Hecateu atuou nas rebeliões jônicas, mas não temos qualquer razão para achar que ele tenha escrito a respeito delas. A ideia de trazer a crítica histórica do passado remoto para o passado recente não parece ter lhe ocorrido. Seu tipo de análise não era a de um homem que conhece as dificuldades de recolher a documentação, mas aquela do homem que pressupõe que a documentação é conhecida. Ele começou por declarar que os relatos dos gregos eram muitos e ridículos. O seu sucessor Heródoto começou com a declaração de que era o seu propósito preservar a lembrança do que os homens tinham feito e impedir que as grandes e maravilhosas ações dos gregos e dos bárbaros tivessem de renunciar ao tributo de glória que lhes era devido. Como qualquer outro grego, Heródoto estava preocupado com o caráter efêmero das ações humanas. Como muitos outros gregos, ele acreditava que a memória das ações passadas era o único (e imperfeito) remédio que o homem tinha contra sua própria mortalidade. À primeira vista, o programa parece ser homérico; com efeito, sem Homero, Heródoto nunca o teria concebido. Ainda assim, o historiador estava de prontidão. Ele sabia que sua tarefa era dupla: era necessário preservar a tradição, mas encontrar a verdade a respeito dela também era desejável. Ele percebeu que os poetas cantavam acontecimentos que nunca tinham acontecido, e ele não estava preparado para atribuir imortalidade àquilo que nunca tinha existido.

A velha teoria de que Heródoto começou como geógrafo e só aos poucos desenvolveu a ideia de escrever a história das Guerras Persas me parece ainda bastante plausível. Ao menos ela enfatiza o fato indubitável de que a história das Guerras Persas era algo que Heródoto tinha de descobrir por si mesmo, enquanto a descrição de países estrangeiros já existia antes dele. Mas o desenvolvimento de Heródoto é para nós menos importante do que o resultado final de sua obra. Em última instância, ele assumiu a responsabilidade de registrar os acontecimentos e as tradições que não tinham ainda sido registradas pela escrita. Ao mesmo tempo, ampliou a abrangência de sua crítica ao exame tanto daquilo que era muito antigo quanto do que era bastante recente, e tanto do que era grego quanto do que era estrangeiro. As implicações de sua decisão foram enormes.

O instrumento da crítica usado por Hecateu nunca tinha sido muito claro. Usado por Heródoto para todos os tipos de tradições, estava fadado a tornar-se ainda mais impreciso. O simples expediente de comparação era, raras vezes, adequado quando Heródoto desejava validar tanto as tradições gregas quanto as não gregas. Ele também não achou tão fácil reduzir os relatos tradicionais em termos humanos quando se deparava com mitos estrangeiros. Além disso, o fogo ardente da incredulidade estava ausente nele. Ele se abstinha de dizer certas coisas porque fazê-lo seria ofensivo aos deuses (II, 3; 61). Em um caso ele acrescentou: "Tendo dito tanto, possa eu obter a tolerância benévola dos deuses e dos heróis" (II, 45). Seus escrúpulos religiosos eram coerentes com sua antipatia por qualquer expressão de sentimentos íntimos ou de ideias que parecessem ostensivamente a favor de um lado contra o outro. Com uma insegurança característica e com bastante precaução, ele afirmou que Atenas salvou a Grécia durante as Guerras Persas (VII, 139). Em outras argumentações, religiosas ou profanas, ele admitiu que falava apenas porque era impelido a fazê-lo pelo próprio andamento de seu discurso (II, 65; VII, 96, 99). É difícil imaginar um homem de temperamento mais diferente de Hecateu do que Heródoto. Pode-se argumentar que o historiador de Halicarnasso refletia o humor mais sóbrio da Grécia depois das Guerras Persas. Se ele escrevia principalmente em Atenas, Sófocles, que era seu amigo, deve ter lhe ensinado algo sobre os modos misteriosos dos deuses e sobre as vãs pretensões dos homens.

As reações de Heródoto às histórias que ouvia são imprevisíveis, não sistemáticas e parcialmente contraditórias. Ele não pode acreditar que os Neuri tornavam-se lobos uma vez por ano, ainda que os gregos da Cítia o afirmassem sob juramento (IV, 105). Também não acreditava que Cílias de Cione nadara oitenta níveis debaixo d'água para desertar em favor dos gregos (VIII, 8). Mas ele pode contar a história de como Alcmêon se encheu de ouro às expensas de Creso, sem interpor sequer uma palavra de cautela (VI, 125). Em alguns casos, decide indicar que havia mais de uma versão para o relato. Oferece tanto a melhor quanto a pior versão a respeito de um detalhe da marcha de Cambises, através do deserto da Síria, e aponta para detalhes conflitantes no tocante à morte de Polícrates (III, 122). Também narra tanto a versão sibarita completa quanto a versão crotoniata da intervenção de Dorieu nas questões dos italiotas (V, 44-45) e deixa ao leitor a tarefa de julgar qual é a preferível. Mas, ao que tudo indica, ele não é sistemático no registro de versões conflitantes.

Se tivéssemos de supor que Heródoto era simplesmente um seguidor do método de Hecateu, deveríamos considerá-lo inferior a seu mestre. Há críticos modernos que chegaram, com efeito, a essa conclusão. Mas Heródoto vai claramente além de Hecateu tanto na questão dos princípios quanto na dos interesses. Os dois princípios aos quais Heródoto mantém-se consistentemente fiel não são encontrados em Hecateu. O primeiro é o dever de dar prioridade a registrar, e não a criticar. Como ele mesmo diz em uma ocasião: "Naquilo que me diz respeito, me atenho a contar o que me é dito, não é meu dever acreditar; e isso vale para toda a minha narrativa" (VII, 152). O segundo princípio é a separação daquilo que ele viu com os próprios olhos daquilo que ele ouviu: "Até agora, tudo o que eu disse é resultado de minha própria visão, julgamento e investigação. De agora em diante eu registrarei as crônicas egípcias de acordo com o que escutei, acrescentando algo de acordo com o que eu mesmo vi" (II, 99). Ao fazer essa distinção entre o que viu e o que escutou, Heródoto é tão preciso que chega, por vezes, a ser pedante. Por exemplo, ele nos diz que, quando visitou o labirinto perto do Lago Moeris, deixaram-no ver as câmeras superiores, mas não as inferiores (II, 148). Em outros casos, quando registra o relato de alguma outra pessoa, dá-se o trabalho de indicar o grau de confiabilidade de seus informantes. Ele foi até Heliópolis porque os sacerdotes tinham a reputação de ser os mais competentes – *logiotatoi* – entre os egípcios (II, 3). Também gosta de afirmar que um determinado relato lhe parece bastante confiável. A ênfase na probidade de sua informação é um dos traços mais característicos do método crítico de Heródoto.

Ora, quando Heródoto assumiu como seu dever primordial o registro de tradições, ele estava de fato fazendo algo mais do que simplesmente salvar fatos do esquecimento, estava dirigindo a investigação histórica no sentido da exploração do desconhecido e do já esquecido. O método de Hecateu em seu livro sobre as genealogias, tanto quanto é conhecido por nós, baseava-se principalmente na crítica do já conhecido. Heródoto foi a países estrangeiros descobrir os acontecimentos históricos. Ao mesmo tempo, desenvolveu uma distinção entre as coisas vistas e as coisas ouvidas que era essencial para o novo tipo de exploração. Diferentemente de Hecateu, ele já não era primordialmente um juiz do que ouvia, mas, sim, um descobridor de novos fatos. Por isso tinha de indicar qual dos registros ele afiançava. A tarefa de preservar tradições implicava a intenção de descobrir novos fatos. Juntos, comportavam uma nova abordagem metodológica em que a confiabilidade da documentação era mais importante do que a avaliação racional das probabilidades. O método de Hecateu não foi descartado, ainda que Heródoto ficasse por vezes impaciente com seu antecessor. Mas, com o propósito de estabelecer a verdade, o exame cruzado de testemunhos tornou-se mais importante do que a justificativa racional de uma teoria. Exemplo característico são aqueles capítulos do Livro IV nos quais Heródoto critica a teoria de Hecateu sobre os hiperbóreos com um sarcasmo fora do comum (IV, 32 ss.). Parte da crítica é sobre os níveis comuns das probabilidades, como esperaríamos de um aluno de Hecateu. Mas a linha mestra do argumento é o exame da autoridade dos vários testemunhos.

Ao combinar a pesquisa com a crítica da documentação, Heródoto amplia os limites da investigação histórica para abraçar a maior parte do mundo então conhecido. Nessa pesquisa tão complexa, a cronologia torna-se um problema maior. Ele tinha que construir um quadro cronológico capaz de incluir várias tradições nacionais diferentes que nunca tinham sido colocadas lado a lado e para as quais não havia medida comum de tempo. É mérito do professor H. Strasburger ter mostrado quão habilidoso e despretensioso foi Heródoto ao criar sua cronologia. Ao afirmar, em VIII, 51,1, que Calíades era o arconte de Atenas no sexto ano depois da morte de Dario, quando Xerxes foi à Grécia, ele construiu a ponte entre as cronologias oriental e grega que ainda se mostra estável mesmo após 2.400 anos.

O outro problema era como recolher a documentação quando os registros escritos não eram acessíveis ou não existiam. No que diz respeito aos países do Leste, Heródoto não tinha acesso às crônicas e a outros documentos por sua ignorância tanto do idioma quanto da escrita. Na Grécia, os documentos escritos eram poucos e na maioria das vezes estavam recolhidos nos arquivos dos templos e das cidades, fora do alcance de um visitante a menos que se tratasse de um favor especial. É claro que Heródoto deve ter tido acesso a alguns documentos em grego relativos à taxação persa (III, 89), à estrada real persa (V, 52) e aos navios persas (VII, 89; VIII, 66; VIII, 130). Para umas poucas inscrições em hieróglifos e em cuneiforme ele dependia de traduções fornecidas por guias locais e por intérpretes. Os exemplos mais conhecidos são os das inscrições das pirâmides (II, 125) e daquelas de Sesóstris (II, 102). Quanto aos gregos, Hecateu é o único escritor em prosa contemporâneo a Heródoto que sabemos ter sido utilizado por este. Ésquilo é o único poeta contemporâneo seu de quem ele tomou alguns dados. Todas as outras citações literárias vêm de poetas do passado. Ele conhecia tantos oráculos que podemos até suspeitar que os tivesse encontrado recolhidos juntos em um livro. As crônicas gregas e as memórias que são mencionadas de tempos em tempos como fontes de Heródoto nunca passaram de sombras vagas: as crônicas délficas uma vez propostas por Wilamowitz e as memórias de Díkaios são hoje desacreditadas. As inscrições gregas foram lidas pelo próprio Heródoto, ainda que possa existir alguma dúvida com relação ao uso que ele deu às "Cartas cadmeias" que teria visto no templo de Apolo Ismênio em Tebas (V, 59). Ele cita apenas doze inscrições gregas e outros doze documentos estrangeiros. Se o assim chamado decreto de Temístocles descoberto em Trezena for autêntico, é um exemplo esplêndido do tipo de documento que Heródoto nunca viu. Ele não sabia que, de acordo com esse decreto, apenas metade da frota ateniense deveria enfrentar os persas no Artemísio. Além disso, ele situa a decisão de desocupar Atenas depois da batalha de Artemísio, enquanto pelo decreto isso teria acontecido antes da batalha. Talvez não conhecesse o decreto simplesmente porque este ainda não existia quando ele escreveu.

No conjunto, é bastante claro que Heródoto optou por construir sua história fundamentando-se em evidência oral, e que seu próprio método repousa nesse tipo de evidência e não na documentação escrita. Ele menciona muitos de seus informantes, mas não dá a impressão de que aqueles que escolheu para nomear são, de fato, os mais importantes. É surpreendente, por exemplo, o que recolhe de Zópiros, filho de Megabizos, que desertou dos persas para Atenas e que recebeu menção especial em sua obra (III, 160). O estudo da técnica por meio da qual Heródoto recolheu e organizou sua documentação durante suas viagens ainda está engatinhando. Essa técnica demandou uma memória bastante desenvolvida e não pode ser separada das qualidades mais intangíveis que fizeram de Heródoto um homem único como foi. Não há definição para o dom da curiosidade, paciência e humanismo que Heródoto depositou em sua investigação. Ele nunca se regozijou diante dos inimigos tombados, nunca comemorou o poder pelo poder, nunca ditou à história o seu curso. Mostrou-se invariavelmente atento às situações individuais. Ainda que cuidadoso ao observar as similaridades, ele esteve sempre mais pronto a detectar as diferenças; e não há uma passagem em sua obra que se pareça com outra. Se há um ensinamento transcendental em sua narrativa, é o da medida em todas as coisas. O método de Heródoto é o do homem que não quer suprimir o que não está em seu poder entender ou corrigir; ao mesmo tempo permite à humanidade — ou a uma boa parte dela — espelhar-se em seu relato.

III

A importância da realização de Heródoto foi logo reconhecida. Ele impressionou seus contemporâneos Sófocles e Aristófanes. E teria ganhado um belo presente dos atenienses por seus escritos favoráveis a Atenas, como nos diz uma fonte aparentemente confiável, Diillo (fr. 3 Jacoby). Sua popularidade entre os atenienses foi notável, principalmente considerando-se que ele havia sido o homem que observara, fazendo referência direta àquela cidade, que era mais fácil enganar 30 mil homens do que apenas um. Ele foi reconhecido como o pai da História — pelo menos desde Cícero. Foi resumido por Teopompo e comentado por Aristarco. Entretanto, sua reputação nunca foi a de um historiador veraz. Mesmo aqueles que mais o admiravam, como Dionísio de Halicarnasso e Luciano, elogiavam mais seu estilo do que sua confiabilidade. Tucídides expressou seu desdém pela leviandade de seu predecessor e a opinião geral nos séculos posteriores não foi muito diversa. Ctésias e Aristóteles, Diodoro, Estrabão e Plutarco enlamearam Heródoto e foram muitos os livros e panfletos que denunciaram suas mentiras. Mesmo no século IV d.C., Libânio sentiu-se obrigado a escrever contra Heródoto. Seu método claramente não convencia. Seus leitores não acreditavam que ele pudesse estar falando a verdade. Podemos argumentar que seu fracasso se deveu em parte às suas deficiências. Ele não traçou uma linha clara entre o que relatava e o que aceitava como verdadeiro. Mas qualquer leitor cuidadoso deveria perceber que ele não se responsabilizava por todas as histórias que contava. Além disso, a própria magnitude de sua obra deveria ter imposto respeito. A hostilidade contra Heródoto é algo mais do que a desconfiança teórica em relação a seu método. Seus críticos não foram capazes de apreciar a profundidade de seu humanismo e as sutilezas de suas reações. O crítico que melhor conhecemos, Plutarco, não gostava de Heródoto porque ele não era patriótico o suficiente e havia preferido Atenas à Beócia.

Heródoto não teria tido esse destino se Tucídides não tivesse produzido uma reviravolta nos estudos históricos; reviravolta essa que envolvia o repúdio a seu predecessor. Os fatores que contribuíram para o descrédito de Heródoto foram muitos, mas um deles se sobressaía: Tucídides se pôs entre Heródoto e seus leitores. A exploração de um mundo mais abrangente não era a vocação de Tucídides. Ele foi um exilado por pelo menos vinte anos. Não havia muitos homens de quem gostasse em Atenas e, de todo modo, não tinha nascido para amar seus semelhantes. Entretanto, cada palavra dita por ele era própria de um ateniense. Todas as suas energias intelectuais foram direcionadas para a compreensão do sentido da guerra que teve de enfrentar como ateniense. Não via escapatória da pólis em que havia nascido simplesmente porque ele concebia a vida em termos de vida política e a história em termos de história política. Até a peste – a única experiência extrapolítica que não pôde evitar – é examinada por suas consequências políticas. A reação de Tucídides contra Heródoto tem sua última justificativa em um desentendimento a respeito do que é a certeza histórica, mas se devia inicialmente à reação de um homem comprometido com a vida política contra um cosmopolita bem-humorado. Heródoto não havia tratado como piada o retorno de Pisístrato conduzido por uma mulher fantasiada de Atena? "Considerando os velhos tempos, os helenos se diferenciaram dos bárbaros por sua inteligência e por sua menor credulidade; [é estranho] que esses homens tenham feito tal plano para enganar os atenienses, conhecidos por serem os mais perspicazes entre os gregos" (I, 60).

Tucídides possuía a mesma mente questionadora de seus contemporâneos sofistas, mas concentrava-se somente na vida política. O passado era para ele apenas o início da situação política que existia no presente; e o presente era a base para a compreensão do passado. Se compreendêssemos o presente, compreenderíamos o funcionamento da natureza humana. Experiências presentes poderiam ser aproveitadas no futuro (ainda que os detalhes desse uso tenham ficado um pouco incertos) ou, alternativamente, constituiriam a chave para o passado. Tucídides assume que as diferenças entre épocas distintas eram mais quantitativas do que qualitativas. A natureza humana permanecia fundamentalmente a mesma. Mas o presente era o único período a respeito do qual era possível obter informação confiável e, portanto, a pesquisa histórica deveria começar com o presente e poderia penetrar no passado apenas na medida em que a documentação assim o permitisse. É tão forte a convicção de Tucídides a respeito da centralidade do presente na pesquisa histórica, que não lhe parece necessário examinar em profundidade a proposição complementar de que o presente é o único tempo para o qual há informação confiável disponível. A única posição da história contemporânea depende da suposição dupla de que há algo imutável na natureza humana e que a história contemporânea é a única história que pode ser relatada de forma confiável. A premissa seguinte, de que os acontecimentos com os quais se deve lidar são os acontecimentos políticos, afunila ainda mais a seleção de fatos significativos, mesmo no presente. Os homens querem o poder e podem alcançá-lo apenas no interior do Estado. Disso resultam feudos internos e guerras externas. Meras biografias ficam, por definição, excluídas: as ações humanas ou são políticas ou não são nada. Mas as ações humanas não são invariavelmente cegas. Em tempos de revolução, as paixões podem alcançar um ponto em que os homens já não são capazes de responder por suas ações. Tudo o que o historiador pode fazer nessas circunstâncias é definir o mecanismo de suas paixões – o que Tucídides faz nos famosos capítulos do Livro III. Normalmente, entretanto, os líderes políticos podem explicar suas atitudes. Nenhuma luta comum pelo poder pode ser compreendida sem se levar em conta o que os líderes falam. Com efeito, é responsabilidade específica do líder político mostrar seu controle da situação em discursos que convençam a multidão sem fazer concessões às suas paixões cegas. O historiador, portanto, tomará todo o cuidado em lembrar o que os líderes dizem e registrar o que fazem. Mas ele também sabe que é mais difícil oferecer uma apresentação confiável de um discurso do que um retrato preciso de uma expedição militar.

É uma questão em aberto, e conhecida de todos, saber se Tucídides realmente tinha a intenção de transmitir as próprias palavras dos oradores ou se os discursos destes representavam seus pensamentos secretos mais do que suas orações. Em termos diretos, esse é um problema insolúvel. Qualquer leitor de Tucídides tem de admitir que alguns discursos parecem improváveis. O debate entre Cléon e Diodoro a respeito do tratamento dos habitantes de Mitilene, no Livro III, é apenas um exemplo. O diálogo entre atenienses e melianos no Livro V é ainda outro. A uniformidade relativa da estrutura dos vários discursos é uma dificuldade adicional para aqueles que os tomam como um registro fiel do que foi dito. Por outro lado, não há *a priori* qualquer razão para duvidar de que, pelo menos em Atenas, homens com uma educação sofisticada pudessem falar do modo como Tucídides os faz falar. A verdade deve estar em algum lugar entre duas interpretações opostas dos discursos em Tucídides. Ele tinha a intenção de registrar discursos verdadeiros, mas estava ciente da dificuldade de fazê-lo. Entretanto, ao julgar os políticos da forma como fazia, por seu controle da situação, ele tinha de indicar o que possivelmente estavam pensando, mesmo nos casos em que eles provavelmente tenham discursado de modo diferente.

Como Heródoto, Tucídides não questionava a pressuposição de que a tradição oral era mais importante do que a tradição escrita. Como Heródoto, ele confiava, em primeiro lugar, em seus próprios olhos e ouvidos e, depois, nos olhos e ouvidos de testemunhas confiáveis. Uma nota ocasional no Livro VII (44) mostra com quanta exatidão ele percebia o valor limitado dos testemunhos visuais das batalhas. De dois modos, entretanto, ele se distanciava de Heródoto. Antes de tudo, nunca se contentava em simplesmente registrar algo sem assumir responsabilidade pelo que registrava. A fórmula tão simples como *lego ta legómena* não era para ele. Em segundo lugar (e este segundo ponto é, em certa medida, consequência do primeiro), quase nunca indicava com detalhes as fontes de suas informações. Ele acreditava que simplesmente se devia confiar nele. Tendo imposto limites geográficos e cronológicos bastante severos à sua obra, achava que podia pedir aos seus leitores um voto de confiança. Nunca lhe ocorreu que pudesse ser diferente.

Muito pouco de sua história foi construída a partir de documentação escrita. Além disso, pelo menos alguns dos documentos que ele cita não são empregados para provar qualquer coisa em particular, mas são simplesmente partes de sua história. Isso explica, como já mencionei em meu primeiro capítulo, por que Wilamowitz e E. Schwartz pensaram que, se Tucídides tivesse terminado sua obra, ele teria substituído os textos originais desses documentos por uma paráfrase escrita em seu próprio estilo. A sugestão é interessante, mas pouco convincente. Em outros casos, Tucídides faz citações, ou alusões a textos, com o simples propósito de provar algo específico. Todos esses textos tratam da história passada e devem ser encontrados nos apêndices (*excursus*). As cartas trocadas entre Pausânias e o rei da Pérsia (I, 128), o primeiro rascunho da inscrição do trípode de Delfos (I, 32, 2) e a lápide indicando onde Pausânias fora enterrado são mencionados para autenticar e explicar a história (I, 134, 4). O monumento a Temístocles no mercado de Magnésia (I, 138, 5) é mencionado para confirmar que Temístocles fora governador da cidade em nome dos persas – é também um *fato* em contraste ao rumor, que Tucídides não confirma, de que os ossos de Temístocles haviam sido transportados para Atenas e enterrados secretamente na Ática.

O uso de documentos e de monumentos nos apêndices deve ser comparado com o uso das "provas", ou *tekméria*, na Introdução – a assim chamada arqueologia. Aqui, novamente,

Tucídides lida com o passado, de fato com um passado muito mais remoto. Ele percebe que precisa fazer conjecturas baseadas na documentação. A documentação que usa é de tipos diferentes: uma passagem de Homero, um costume contemporâneo interpretado como uma sobrevivência, ou até um dado arqueológico, tal como o fornecido pelos túmulos de Delfos (I, 8, 1). Em um caso é quase certo que Tucídides empregou uma crônica local de Samos. Um método que combina os dados arqueológicos, a etnografia comparativa e a interpretação histórica de textos literários nos parece tão bom que nos perguntamos por que ele o empregou apenas em seu prefácio. A explicação é óbvia. Tucídides não descreve o passado como descreve o presente. O que nos parece o método mais seguro na pesquisa histórica é para Tucídides apenas o segundo melhor, aquele que pode substituir a observação direta quando o conhecimento seguro e detalhado é impossível. O passado, para Tucídides, não é interessante ou significativo por si mesmo. É apenas um prelúdio do presente. O desenvolvimento do passado para o presente é linear. Como observado por J. de Romilly, Tucídides "dá à História uma direção única" (*Histoire et raison chez Thucydide*, 1956, p.294). Para dizer mais claramente: já que o passado leva ao presente por simples progressão, a única maneira de conhecê-lo é partindo do presente. Essa é ainda outra diferença em relação a Heródoto, para quem o passado era significante por si mesmo.

IV

É difícil estabelecer quanto Tucídides impressionou seus sucessores imediatos no século IV a.C. Filisto de Siracusa, que é descrito como seu seguidor mais próximo, é pouco mais do que um nome para nós. Cratipo, que é tido como o continuador de sua obra, também é mencionado como um crítico dos discursos de Tucídides. Se Cratipo for o autor de *Hellenica Oxyrhynchia*, podemos dizer algo mais a seu respeito: ele era objetivo e claro, e seguiu Tucídides no que se refere à cronologia e à distinção entre as causas profundas e as causas superficiais dos acontecimentos. Xenofonte e Teopompo começaram pelo ponto em que Tucídides havia parado, mas seus pontos de vista eram muito diferentes. Xenofonte pensava que os espartanos tinham perdido a hegemonia sobre a Grécia porque os deuses os castigaram depois da captura traiçoeira da cidadela de Tebas. Perguntamo-nos o que Tucídides teria pensado disso. Teopompo desenvolveu uma abordagem altamente emocional da política ateniense e, em termos gerais, assumiu posições de um modo que teria sido repugnante para Tucídides. Éforo tratou de tempos remotos e cobriu aquele período entre a Guerra de Troia e a Guerra do Peloponeso, o que para Tucídides não era um campo adequado para a pesquisa detalhada. A pretensão de Tucídides de que o estudo da história contemporânea revelava traços permanentes da natureza humana não impressionou seus sucessores. Os historiadores do século IV preferiram uma visão mais simples (que transmitiram aos séculos sucessivos) de que a história é uma lição de comportamento. Tampouco compartilharam com Tucídides seu ateísmo virtual ou sua avaliação desapaixonada dos acontecimentos humanos em termos de conflitos de poder. Talvez o mais importante é que esses historiadores do século IV tentaram fazer algo que Tucídides não fizera. Xenofonte realizou experiências com a biografia intelectual, com a historiografia filosófica e com a autobiografia direta (o relato de suas experiências militares na *Anábasis*). Teopompo (e eu sustento mesmo depois do livro de W. R. Connor) colocou um homem, Filipe da Macedônia, no centro do grande quadro da vida contemporânea em suas *Histórias filípicas*. Éforo tentou escrever a história grega desde as origens no quadro de uma história universal; Políbio considerou Éforo seu antecessor como historiador universal.

Apesar de tudo isso, poucos, no século IV ou depois, duvidaram da confiabilidade de Tucídides. Apenas Flávio Josefo menciona de passagem que existiam críticas com relação à autoridade de Tucídides. De modo geral, este permaneceu como modelo de historiador verídico. Ele salvou a história de tornar-se prisioneira dos cada vez mais influentes retóricos, que se preocupavam mais com as palavras do que com a verdade. Quando Praxífanes, pupilo de Teofrasto, escreveu um diálogo para explicar do que tratava a história, ele escolheu Tucídides como modelo de historiador. Até mesmo o princípio empregado por Tucídides, de que a história contemporânea é mais confiável do que a do passado, não foi questionado com seriedade. O próprio Éforo, que se afastou da história contemporânea, admitiu no prefácio de sua obra que era impossível estar tão bem informado sobre o passado quanto sobre os acontecimentos mais recentes. A realização mais importante de Tucídides foi ter convencido seus sucessores de que a história é história política. Nenhum dos grandes historiadores do século IV se afastou, de fato, desse preceito. A geografia, no sentido herodotiano, e os acontecimentos extrapolíticos aparecem em obras históricas do século IV, mas na forma de introduções à verdadeira história ou em apêndices. Éforo teve uma introdução geográfica; Teopompo ocupou-se de um longo apêndice a respeito dos prodígios e escreveu um outro, biográfico, de caráter difamatório, a respeito de demagogos. A linha seguida tanto por Éforo quanto por Teopompo era essencialmente política.

Em séculos posteriores, Tucídides foi com frequência comentado e criticado como escritor. É suficiente ler a vida de Tucídides escrita por Marcelino ou os tratados retóricos escritos por Dionísio de Halicarnasso para encontrar as principais críticas que lhe foram levantadas. Dionísio, que se queixava da obscuridade de Tucídides, chegou a reescrever passagens inteiras para mostrar como Tucídides deveria ter se exprimido. A polêmica a respeito do estilo de Tucídides penetrou em Roma durante o despertar do aticismo e tornou-se parte da vida literária romana já na época de Salústio e de Cícero. Sempre houve os que preferiam Heródoto a Tucídides quanto ao estilo, e houve igualmente um bom número de historiadores – de Arriano a Procópio – que imitaram ecleticamente os traços de linguagem tanto herodotiana quanto tucididiana. Mas o que aconteceu com Heródoto nunca aconteceu com Tucídides: que aqueles que admiravam seu estilo o declarassem um mentiroso. Nem aqueles que mais o usaram o proclamaram não confiável. Diferentemente de Ctésias e de Maneto no caso de Heródoto, Éforo e Aristóteles não insultaram Tucídides depois de o usarem. A influência de Heródoto como historiador, como um mestre do método histórico, é algo que se percebe com dificuldade e de modo quase totalmente indireto. Podemos suspeitar sua presença na visão abrangente de Timeu em sua história do Ocidente; com maior segurança a percebemos na estrutura estabelecida por Posidônio em suas histórias, uma continuação de Políbio. Onde a etnografia se misturou à história na descrição dos países estrangeiros, como na descrição da Índia feita por Megastenes e no relato a respeito do Egito feito por Hecateu de Abdera, os historiadores gregos estabeleceram um contato com os ensinamentos de Heródoto; e o mesmo fizeram os estrangeiros que vieram a escrever a história de seus respectivos países de acordo com os métodos gregos. Mas mesmo esses historiadores tiveram dificuldade em combinar a história militar-política com descrições de terras e de costumes à maneira de Heródoto. Para dar o exemplo mais óbvio, Arriano separou seu relato a respeito da Índia da sua história sobre Alexandre, o Grande. Os historiadores da Grécia, os escritores de monografias individuais de estados gregos, sobre Alexandre e seus sucessores, foram fiéis à pura história militar e política. A história política – história "tucididiana" – continuou sendo a história por excelência para a maioria dos antigos.

A etnografia, a biografia, a religião, a economia, a arte, quando mencionadas, permaneceram sempre marginais. Os historiadores mais sérios do período helenístico, e muitos dos que não eram nada sérios, restringiram-se às guerras e às alianças. Ptolomeu e Aristóbulo, entre os historiadores de Alexandre, Jerônimo de Cardia, entre os memorialistas da geração seguinte, foram historiadores políticos. Essa tendência ganhou maior autoridade com Políbio. Os senadores romanos que haviam sido educados com Tucídides e Políbio estavam naturalmente inclinados a acentuar a unilateralidade da abordagem política e militar. O caso de Políbio merece atenção especial tanto por si mesmo quanto pela influência que exerceu na historiografia grega e romana. Ele admirava Éforo mais do que Tucídides. Isso é o que se espera de um historiador universalista. Até onde sei, Tucídides é mencionado apenas uma vez no que restou dos escritos de Políbio (VIII, 11, 3), e não é em um contexto significativo. A atitude estritamente didática de Políbio com relação à história é diferente da de Tucídides. Em suas afirmações a respeito de discursos, podemos detectar uma crítica implícita àqueles obviamente inventados de Tucídides: Políbio desejava que os historiadores registrassem os discursos tal e qual haviam sido proferidos. Entretanto, Políbio aceita todos os fundamentos do método de Tucídides. Ele aceita a noção de verdade histórica de Tucídides, a distinção entre causas profundas e superficiais (ainda que empregue uma terminologia diferente) e, sobretudo, a noção de história política e contemporânea. Pode não ter sido um admirador de Tucídides, mas certamente aprendeu muito com ele. Manteve a escrita da história na direção indicada por Tucídides. Ao destruir Timeu do modo brutal como fez, Políbio eliminou um dos historiadores helenísticos de primeira linha no qual se podia perceber claramente vestígios do método de Heródoto. Políbio teve um papel decisivo em convencer os romanos de que a história é basicamente história política. Essa persuasão não foi totalmente supérflua. Por mais que estejamos inclinados a tomar os romanos como animais políticos, o primeiro historiador romano, Fábio Pictor, não era avesso aos aspectos não políticos da história. Seu modelo era Timeu. Ele talvez não tenha sequer lido Tucídides. Nem Catão se dedicou a uma história puramente política. Mas as gerações de historiadores romanos seguintes que leram Políbio aderiram a um ideal restrito de história política: nós o encontramos tanto em Salústio quanto em Lívio ou em Tácito. Cícero lembrou Tucídides quando disse que a primeira lei da história é dizer nada mais e nada menos do que a verdade, *"Nam quis nescit primam esse historiae legem, ne quid falsi dicere audeat, deinde ne quid veri non audeat"* (De orat. II, 15, 62).

É interessante que, fora da Roma republicana, Políbio nunca tenha tido o mesmo prestígio que Tucídides. Os gregos — mesmo aqueles que escreveram sobre Roma em época imperial, como Dião Cássio — reconheceram que Tucídides, e não Políbio, era o modelo de história política. Suspeitamos que estilo, mais do que conteúdo, determinava sua preferência. Nenhum escritor do século II a.C. tinha qualquer chance de competir com os "clássicos" nas escolas dos tempos imperiais. Porém, não se tratava apenas de uma questão de estilo. Desde que fosse contado aos leitores que Heródoto era um mentiroso e que Tucídides era a verdade, este último estava fadado a permanecer como o representante ideal da história. Luciano assim o disse com as palavras que Ranke deve ter muito bem conhecido. Foi Tucídides, de acordo com Luciano, quem deu à história a sua lei – a de escrever *hos eprachthe* o que havia sido feito (25, 41). Luciano acrescenta que Tucídides promulgou essa lei contra Heródoto. Podemos nos sentir desapontados pela qualidade dos trabalhos dos pupilos de Tucídides na Antiguidade. Nenhum deles possuía a inteligência penetrante de Tucídides; poucos tinham sua sinceridade aristocrática e a sobriedade de julgamento. Não vamos discutir aqui por que não são mais frequentes os homens geniais. Algumas outras razões para o declínio da qualidade depois de Tucídides são evidentes. O clima de liberdade intelectual da Atenas do século V a.C. foi único. A partir do século IV a.C., a retórica atraiu os historiadores, e a filosofia os afastava da história. Finalmente, a historiografia que era obrigada a lidar com o passado usando instrumentos inadequados estava fadada a ser muito sensível a pressões políticas e incapaz de repensar o passado em profundidade. Algumas dessas limitações, como veremos, permaneceram operacionais até o século XIX. Mas seria difícil subestimar a quantidade de obras sóbrias e permanentes realizadas por historiadores na mesma trilha de Tucídides. Algumas de suas linhas eu já indiquei. Não posso concordar com as ideias de meu amigo M. I. Finley: "De todas as linhas de investigação a que os gregos deram início, a história foi a mais abortada" (Introdução de *The Greek Historians*. Nova York: Viking Press, 1959, p.20).

V

Se passarmos da Antiguidade para a Renascença, nossa primeira impressão é que Políbio foi mais levado em consideração do que Tucídides. Ele é, de fato, o primeiro historiador grego a provocar um grande impacto entre os ocidentais que tinham redescoberto os historiadores gregos. Seu tema era de longe muito mais interessante e familiar aos humanistas do que a obscura Guerra do Peloponeso. Ele foi parafraseado por Leonardo Bruni, estudado por Policiano, comentado por Maquiavel. Políbio, juntamente com Lívio e com Tácito, está por trás do renascimento do ideal grego de história política, uma parte tão evidente da renascença mais geral dos valores e formas clássicos no século XVI. Até o final do século XVII, Políbio permaneceu o mestre do saber político, diplomático e militar. Casaubon foi seu tradutor e apologista. Justo Lípsio, o comentador e defensor de Tácito, foi também um grande estudioso de Políbio como historiador militar e como um bom guia na luta contra os turcos. Isaac Vossius o colocou no centro da historiografia grega. Em comparação com ele, Tucídides atraía atenção positiva em apenas alguns círculos mais selecionados.

As críticas importantes de Dionísio de Halicarnasso foram levadas em consideração. O tradutor e comentador de Dionísio sobre Tucídides, Andreas Dudith, era também o inimigo mais acrimonioso de Tucídides no século XVI: *"Non iam in historia summus Thucydides videbitur sed [...] postremo in ordine contemptus iacebit"* ["Tucídides não será mais visto como um grande nome da história [...] no final ele permanecerá desprezado"]. Não ajudou muito o fato de Luciano – cujo panfleto sobre a história era de leitura compulsória na Renascença – ter sido um grande admirador de Tucídides. Os poucos que estavam interessados neste não eram historiadores profissionais. Hobbes não o era, e nem tampouco o jesuíta Père Rapin (1681). Eles representavam o gosto dos homens que procuravam uma visão mais cândida e sutil da natureza humana do que aquela oferecida por Políbio e por Tácito. Père Rapin conhecia Pascal e Corneille. Mas o fato mesmo de sua defesa de Tucídides ter assumido a forma de uma comparação entre este e Lívio – cujo resultado é um tanto duvidoso – mostra que Rapin não estava interessado em pesquisa histórica.

Foi apenas na segunda parte do século XVII, até onde sei, que a opinião geral começou a se alterar com vantagem definitiva a favor de Tucídides. O Abade de Mably exaltava Tucídides como o historiador que devia ser lido pelo menos uma vez ao ano pelos príncipes e por seus ministros (*De la Manière d'écrire l'histoire*, 1784, 125). Em seguida, o movimento romântico elevou Tucídides à posição que ainda ocupa e o tornou o modelo do historiador filósofo, que combina o exame acurado de detalhes com uma compreensão imaginativa aprofundada da maneira como a mente humana trabalha. Tucídides, apesar de exato, não era pedante, e os pedantes então proliferavam na mesma proporção da *Monumenta Germaniae*. Há um elemento de nostalgia no culto a Tucídides do século XIX herdado por nós. A visão que prevaleceu em Creuzer, Schelling, F. Schlegel e Ranke encontrou a sua formulação mais atraente na vida de Tucídides escrita por W. Roscher, um aluno de Ranke e um dos fundadores dos estudos econômicos modernos. Todos eles punham Tucídides em oposição a Políbio, como o artístico contra o não artístico; o filosófico contra o utilitário. Os que queriam defender Políbio precisavam mostrar que ele era um historiador mais universal do que Tucídides e, portanto, nunca próximo do cristianismo. Mesmo assim, poucos foram convencidos por essa observação, feita, por exemplo, por H. Ulrici em seu excelente *Charakteristik der antiken Historiographie* (1833).

Para nós, entretanto, o conflito entre Tucídides e Políbio no início do século XIX é menos interessante do que um outro aspecto da mudança na fortuna de Tucídides. Foi Heródoto quem resgatou Tucídides na undécima hora. Os admiradores do segundo eram agora principalmente admiradores do primeiro. Eles admiravam Tucídides pelas qualidades que haviam encontrado antes em Heródoto. O conflito entre Tucídides e Políbio acabou por substituir o conflito entre Heródoto e Tucídides. Os críticos começaram a encontrar os pontos em comum entre Heródoto e Tucídides — ou pelo menos achavam que um complementava o outro. O que tinha acontecido?

O que aconteceu em termos gerais foi que, desde meados do século XVI, Heródoto se tornara um autor muito respeitável e respeitado. Quando começou a circular novamente no Ocidente em mais ou menos 1460, na tradução de Valla, é claro que os humanistas lembraram os velhos ataques contra ele. Por algum tempo eles estiveram divididos em suas lealdades. Deviam acreditar nos antigos que diziam que Heródoto era um mentiroso, ou abandonar-se ao fascínio e à doutrina do autor recém-revelado? Pontano tentara fazer um balanço. J. L. Vives transformara Heródoto em pretexto para atacar os mentirosos gregos de todos os tempos. Mas havia dois novos fatores: a América havia sido descoberta; e a Reforma havia criado um novo interesse pela história bíblica. Na América, os europeus entraram em contato com muitas outras coisas tão incríveis quanto as que liam em Heródoto, e acidentalmente Heródoto tornara-se de grande ajuda na tentativa de descrever essas coisas. Além disso, nenhum outro autor a não ser Heródoto era capaz de preencher o vazio com relação à história oriental para ajudar na compreensão da história bíblica. Henricus Stephanus, em sua *Apologia pro Herodoto*, de 1566, foi o primeiro a apreender o impacto das novas descobertas geográficas na avaliação de Heródoto. Scaliger, por outro lado, admirava e usava Heródoto como um suplemento da Bíblia. Mais tarde, no século XVII, Heródoto foi usado na defesa das histórias bíblicas, das quais os céticos começavam a duvidar. Quando homens como Newton declaravam a sua fé em Heródoto, a respeitabilidade estava garantida. Newton declarou ter montado quadros cronológicos para "fazer que a cronologia concordasse com o curso da natureza, com a astronomia, com a história sagrada e com Heródoto, o pai da história". Do ponto de vista historiográfico isso tem consequências profundas. Significava que a etnografia moderna tinha nascido como uma continuação consciente do trabalho feito por Heródoto e por outros geógrafos e etnógrafos da Antiguidade. Como foi Heródoto, entre os autores que sobreviveram da Antiguidade, o que mais havia viajado – mais até do que Políbio – e o que menos havia fundamentado sua narrativa em livros já existentes, ele se tornou a grande inspiração para o verdadeiro viajante, em oposição ao historiador de gabinete. Mas Heródoto foi mais que isso. Era o historiador sincero, poético, que acreditava em algum tipo de intervenção divina nas questões humanas, falava com prazer da liberdade, respeitava e amava as tradições populares. Às vésperas do romantismo, Herder percebeu rapidamente que Heródoto era um aliado. Heródoto tinha "um ágil e doce senso de humanidade", *"der unangestrengte, milde Sinn der Menschheit"*, e as palavras de Herder ecoaram junto a muitos outros críticos do final do século XVIII e início do XIX. Quando Voltaire tentou sobrepor uma *"histoire des mœurs"* [história dos costumes] à história comum das batalhas, que exemplo melhor havia do que Heródoto? Admitia-se que Heródoto era ingênuo, mas então Tucídides podia ser empregado como um corretivo, no tocante tanto ao realismo quanto à precisão. Certo sentido de progresso nas ideias tornava mais fácil justificar os aspectos menos imediatamente convincentes de Heródoto e assim eliminar qualquer razão para preservar a velha oposição entre Heródoto e Tucídides.

Se Heródoto era a contemplação ingênua e ainda fresca do passado, Tucídides era o representante de uma análise mais refletida e experiente dos destinos humanos. Minha impressão é que Heródoto era mais facilmente apreciado por si só no século XVIII do que no XIX. No século XVIII, era o cosmopolita sábio. No XIX, a história política, especialmente na Alemanha — por razões que podemos deixar de lado aqui —, tornou-se novamente predominante. Por isso Tucídides atraía mais atenção e era considerado mais adequado do que Heródoto. Ainda assim, Heródoto nunca mais foi dispensado como um mentiroso ou como um historiador incompetente. Os especialistas, depois de três séculos de estudos orientais e gregos, sabiam mais. Na pior das hipóteses, Heródoto era subordinado a Tucídides; na melhor, era considerado em pé de igualdade com seu velho rival. As qualidades que eram agora atribuídas a Tucídides, e que haviam sido encontradas em primeiro lugar em Heródoto, eram as qualidades da compreensão filosófica e da intuição artística. A nova posição que Heródoto assumia indicava que a história confiável não precisava mais ser a história contemporânea. Indicava também que se reconhecia o lugar da história da civilização – em oposição à simples história política. A sorte variável de que gozou Heródoto nos séculos XVIII e XIX é um sintoma da tensão entre os que apoiavam a história política e os que defendiam a história da civilização. Mas, mesmo na época e no país de Treitschke, a história da civilização não foi esquecida.

A situação foi afetada por muitos outros fatores. Um deles, de natureza puramente historiográfica, teremos de examinar no próximo capítulo; trata-se da intervenção dos antiquários. Pesquisa em arquivos e escavações arqueológicas, estudo de inscrições e de moedas tornaram claro que não havia diferença substancial de confiabilidade no estudo de acontecimentos recentes ou remotos. Assim, a abrangência da pesquisa sobre acontecimentos extrapolíticos aumentou. O mundo de Heródoto – que tratava de séculos e dos vários aspectos da atividade humana em diferentes países – e o mundo de Tucídides – concentrado em um período, um país, uma atividade – não podiam mais ser dois mundos à parte. Não há necessidade de acrescentar que hoje Heródoto é talvez o mais apreciado de modo geral, e certamente mais amado, do que Tucídides. A necessidade de uma história mais abrangente, extrapolítica, é admitida por todos. Heródoto nos parece muito mais humano do que Tucídides. Talvez ele também ofereça uma saída – deliciosa – da torre de ferro em que Tucídides nos quer prender, depois de se ter fechado lá. Essas são considerações que podemos assumir que são aceitas. O que é típico da atual situação é que os dois rivais da Antiguidade – Heródoto e Tucídides – são reconhecidos como os dois grandes fundadores da pesquisa histórica. Heródoto talvez não se importasse, mas Tucídides ficaria horrorizado com essa associação.

Capítulo 3
O surgimento da pesquisa antiquária

I

A vida toda fui fascinado por um tipo de homem muito próximo da minha profissão, tão transparentemente sincero em sua vocação, tão compreensível em seu entusiasmo, e ao mesmo tempo tão misterioso quanto a seus objetivos finais: o homem que se interessa pelos fatos históricos sem se interessar pela história. Hoje em dia é raro encontrar o verdadeiro antiquário. Para conhecê-lo, é preciso ir ao interior da Itália e da França e estar preparado para ouvir longas explicações de velhos em lugares frios, lúgubres e desconfortáveis. Assim que o antiquário abandona seu castelo miserável, que ainda conserva qualquer coisa do século XVIII, e entra na vida moderna, ele se transforma no grande colecionador, destinado a se especializar; ele pode até terminar como o fundador de um instituto de belas-artes ou de antropologia comparativa. O venerado antiquário é vítima de uma época de especialização. Ele está agora mais do que ultrapassado: ele se tornou um problema histórico a ser estudado no quadro das correntes entrecruzadas de pensamento e de *"Weltanschauungen"* ["visões de mundo"] em transformação – justamente o que gostaria de evitar.

Consideremos por um momento o arquétipo de todos os antiquários: Nicolas-Claude Fabri sieur de Peiresc. Ele nasceu em 1580, e onde poderia ter sido a não ser na Provença, não distante de Aix? Era um descendente de magistrados e membros do parlamento e tornou-se ele mesmo um magistrado e um membro do parlamento e, acidentalmente, um administrador bastante hábil das propriedades de sua família. Permaneceu solteiro; era um viajante inveterado, muito mais do que sua saúde frágil e suas obrigações permitiam. Aix era seu amor e seu orgulho e lá ele morreu em 1637, em meio a suas coleções de medalhas, livros, plantas, minerais, instrumentos científicos e tudo o mais. Sua morte foi sentida em quarenta idiomas diferentes, inclusive o escocês, em um livro comemorativo, um *"generis humani lessus"*, "um queixume da raça humana" denominado *Panglossia*, compilado pela Accademia degli Humoristi de Roma, sob o patrocínio do cardeal Francesco Barberini, sobrinho do papa Urbano VIII. Claude de Peiresc não publicou quase nada: há apenas um panfleto a respeito de um assunto antiquário de segunda linha. Mas ele escreveu longas e espirituosas cartas para muitos dos grandes homens de sua época, de Grotius a Rubens: há milhares delas na Bibliothèque Méjanes, de Aix, e na Bibliothèque Inguimbertine, de Carpentras, e em outras bibliotecas. Suas cartas foram apenas parcialmente publicadas na edição monumental de Tamizey de Larroque e em algumas outras publicações, mas, pelo menos no último período de sua vida, ele manteve um registro muito cuidadoso de toda a sua correspondência. Claude de Peiresc compartilhou ainda das observações astronômicas de seu amigo Gassendi, que mais tarde se tornou seu biógrafo. Fez experiências em fisiologia, tendo realizado dissecações de animais e do corpo humano. Sua especialidade eram os gatos angorás, e ele os usava como presentes para as pessoas quando queria induzi-las a vender suas antiguidades. Escreveu a um de seus agentes: "Se for útil oferecer um dos gatinhos para conseguir o vaso de Vivot, não hesite em fazê-lo". Mas sua preferência, de fato, eram as antiguidades: moedas, estátuas e manuscritos. Possuía 17 mil peças em seu *cabinet de médailles* quando morreu. Estudava o que colecionava – e muitas outras coisas. Seu nome é conhecido em associação com o Grand Camée de Paris e com o calendário de Filocalo: o último, mas não o primeiro, havia sido seu. Judeus e hereges estavam entre seus correspondentes: os dois Nostradamus, Rabbi Salomão Azubius e Tommaso Campanella. A Bíblia samaritana e os trovadores provençais estavam entre seus temas de grande interesse.

É possível encontrar um sentido em todas essas atividades caóticas? Elas certamente faziam sentido para os contemporâneos de Peiresc, a começar por seu biógrafo P. Gassendi (1641). O nome de Gassendi nos introduz de imediato ao círculo dos *libertins érudits* – Dupuy, Naudé, Gui Patin, La Mothe Le Vayer. Sexto Empírico (traduzido por Henricus Stephanus para o latim em 1562 e disponível em grego desde 1621) era um de seus mentores. Sexto agradava também a Montaigne, cuja mãe era judia, e a Francisco Sanches, o filho de marranos que escreveu *Quod nihil scitur*. Ele tinha naturalmente algo a oferecer a homens que viviam na fronteira entre diferentes religiões, mas também abriu novos panoramas àqueles que estavam cansados das controvérsias teológicas no interior de suas próprias confissões. É verdade que Peiresc não parece ter tomado parte nas *débauches pyrrhoniennes* [deboches pirrônicos] de Naudé, Gassendi e Patin, a respeito das quais este último escreveu em uma carta famosa (*Lettres* III, 508 de 1648). Quando enfrentou os *Dialogues d'Oratius Tubero* — a publicação cética de François de La Mothe Le Vayer —, Peiresc renunciou a qualquer compreensão de pensamentos tão profundos: *"moy qui ne cognoys rien en toutes ces grandes élévations d'esprit"* ["eu, que não conheço nada dessas grandes elevações do espírito"] (IV, 385). Mas, três dias mais tarde, ele fez a seu amigo Gassendi uma das afirmativas mais enérgicas contra aqueles séculos de *"grande simplicité"* em que se acreditava em tudo *"sans aultre preuve que de simples conjectures de ce qui pouvoit avoir esté"* ["sem qualquer prova que não simples conjecturas sobre aquilo que poderia ter sido"] (IV, 383). Peiresc era um pirronista — até o ponto em que um pirronista gostasse de coisas tangíveis —, e ele e Gassendi concordavam que a observação empírica era muito mais confiável do que a filosofia dogmática. Assim escreveu Peiresc, a respeito de um caso particular, ao padre Anastase: *"l'observation directe s'impose, et marque les erreurs des calculs les plus savants"* ["a observação direta se impõe, e evidencia os erros de cálculo dos mais sábios"]. O seu biógrafo em latim mais solene confirma que Peiresc lamentava o hábito de negligenciar o que o olho captava.

É irrealista questionar se Gassendi ou Peiresc acreditavam no cristianismo. Nunca admitiram ser descrentes e não há nenhuma razão convincente para assumir que o fossem. Mas voltaram-se para os experimentos, documentos, fatos individuais, com um espírito de curiosidade universal e de desconfiança quanto ao dogmatismo. Admiravam Galileu; e Peiresc, com toda a cautela, escreveu ao cardeal Barberini que, ao condenar Galileu, a Igreja corria o risco de aparecer para a posteridade como a perseguidora de outro Sócrates: *"pourrait même être un jour comparée à la pérsecution que Socrate éprouva dans sa patrie"* ["um dia pode mesmo ser comparada à perseguição sofrida por Sócrates em sua pátria"]. Galileu é um nome que deve ser lembrado em associação com os antiquários. Os antiquários italianos do século XVII e do início do XVIII eram bastante explícitos ao se declararem seus pupilos. Também não tenho dúvida de que tanto Gassendi e Peiresc quanto seus amigos tentavam aplicar o método de observação de Galileu a seus próprios estudos antiquários. Estavam convencidos de que podiam examinar objetos materiais do passado de uma maneira positivamente científica, e não gostavam do viés do historiador que trabalhava com evidências produzidas por predecessores também enviesados. Podemos compreender por que Henricus Stephanus – que não era nem um verdadeiro católico nem um verdadeiro calvinista – era um admirador tanto de Heródoto quanto de Sexto Empírico: ele gostava do primeiro como um verdadeiro colecionador de fatos obtidos pela observação direta e, com sua linguagem colorida, descrevia o segundo como um pensador que ajudaria a levar à loucura os filósofos dogmáticos e ímpios dos tempos modernos, *"ut nostri saeculi dogmaticos impios philosophos ad insaniam redigam"*. Historiadores pós-Heródoto estavam tradicionalmente muito comprometidos com as controvérsias políticas e religiosas para sintonizarem o desejo pela objetividade, pelo experimento e pela neutralidade teológica, características dos *érudits*.

O novo pirronismo voltou-se contra a confiabilidade dos historiadores comuns. Os antiquários estavam em posição mais forte. Os objetos falavam pelas épocas em que haviam sido fabricados. Como o grande espanhol Antonio Agustín escrevera em um trabalho publicado em 1587, e muitos outros repetiram mais tarde, nada poderia ser mais confiável do que as moedas romanas – documentos oficiais garantidos pelas próprias autoridades romanas. É claro que os *libertins érudits* estavam cientes de que os objetos podiam ser forjados, mas também sabiam como detectar as falsificações. Para cada moeda falsificada há cem que são autênticas e que servem para conferência. Mas como se poderia testar a veracidade do relato de uma batalha em Tucídides ou em Lívio se ela era única?

II

Assim, Peiresc e seus companheiros nos fornecem ao menos uma introdução à mentalidade dos antiquários. A paixão destes por objetos antigos era consequência de seu interesse pela observação empírica e pelo experimento em todos os campos. Eles desconfiavam da tradição literária, desgostavam das controvérsias teológicas e viam pouca utilidade na história política. Uma boa dose de ceticismo herdada de Sexto Empírico contribuiu para sua atitude. É digno de nota que muitos dos grandes antiquários do século XVII, de Charles Patin a Jacob Spon, eram médicos: um fato já comentado por seus contemporâneos. A interpretação dos objetos individuais ou inscrições era o exercício predileto desses homens. Eles eram capazes de levar em consideração fatos desconexos, atitude que para nós, hoje, estaria distante de qualquer diligência mais séria. Angelo Fabroni, que narrou a vida de alguns dos mais importantes antiquários do século XVII e de seu próprio tempo, enfatizou com admiração a variedade de temas estudados por seus heróis. Ele nunca considerou necessário encontrar um interesse que os unificasse. Ao descrever, por exemplo, as atividades de Filippo Buonarroti, não fez qualquer esforço para compreender por que este tinha de saltar de Silander e Aureliópolis *"pene incognitae urbes"* ["cidades quase desconhecidas"] para a *"status civitatis"* ["cidade-Estado"] de Tarso e para o significado de *"Neocori"*.[1] Com efeito, nem o próprio Buonarroti esperaria que seu biógrafo se preocupasse com isso. Os antiquários adoravam fatos disparatados e obscuros. Mas por trás dos itens individuais, aparentemente não relacionados, estava a Antiguidade, misteriosa e augusta. Implicitamente, todo antiquário sabia que estava destinado a acrescentar alguma coisa à imagem da Antiguidade. Na prática isso significava que os fatos individuais eram colecionados e separados com uma perspectiva de um levantamento geral futuro daquelas instituições, costumes, cultos, a respeito dos quais as moedas e as inscrições eram consideradas as evidências mais importantes. A mente do an-

---

1 O termo grego *neocori* [νεωκόροι] designava, original e literalmente, "varredores de templos", aqueles responsáveis pela zeladoria desses edifícios pagãos gregos. Com o passar do tempo, esses serviços foram relegados aos escravos, e os *neocori* originais se tornaram responsáveis pelos templos de forma geral, angariando com esse movimento um bom quinhão de *status* social e mesmo de poder político. Mais tarde ainda, o termo foi incorporado ao latim durante o Império Romano, passando então a designar não mais os responsáveis pelos templos, mas, por metonímia, as cidades, principalmente as asiáticas, que, com a autorização do Senado romano, construíam templos para a adoração do imperador. Sobre isso, ver, por exemplo, James Gardner, *Faiths of the World*. Londres: A. Fullarton & Co., 1858, p.525. (N. E.)

tiquário vagava verdadeiramente para lá e para cá entre os fatos únicos e os levantamentos gerais. O levantamento, se algum dia acontecesse (o que não era muito frequente), nunca resultaria em um livro comum de história. A Antiguidade era estática: ela requeria descrições de antigas instituições, religião, lei, finanças. A forma literária do manual de antiguidades tinha sido já bem estabelecida desde 1583, quando J. Rossfeld, chamado Rosinus, publicou o seu *Romanorum antiquitatum libri decem* [Os dez livros de tempos antigos dos romanos]. Trabalhos antiquários posteriores preservaram a estrutura do livro de Rosinus com uma uniformidade notável.

Os antiquários do século XVII e XVIII não teriam sido o que foram se tivessem se considerado uma seita nova. Ao contrário, orgulhavam-se de ser uma relíquia da Antiguidade. O próprio nome que usavam, *antiquarius*, lembrava a obra de Varrão, *Antiquitates (humanae et divinae)*. Eles tinham prazer em tomar como seus antecessores Plínio, Ateneu, Aulo Gélio, Filostrato e Pausânias. Devemos aceitar sua reivindicação de serem os continuadores dos antigos antiquários.

O que pode parecer uma coincidência talvez não seja inteiramente casual. Primeiramente, também na Antiguidade a pesquisa erudita havia florescido em períodos de dúvida intelectual. O aparecimento dos sofistas, o nascimento das grandes escolas de filosofia depois de Alexandre, a introdução do ceticismo acadêmico em Roma nos séculos II e I a.C. são simultâneos aos melhores períodos da erudição antiga. Em segundo lugar, há uma clara analogia entre os manuais sistemáticos do final da Renascença e a organização sistemática da erudição antiga. Pareceria que a sistemática atitude mental dos antiquários antigos teria passado para os modernos. Em terceiro e

As raízes clássicas da historiografia moderna

último lugar, a separação da história política dos estudos antiquários também é encontrada na Antiguidade. Ela ocorreu de fato quando Tucídides criou a história política na época dos sofistas. É uma suposição justa dizer que, se Heródoto tivesse permanecido como o historiador modelo, nunca teriam existido os antiquários. A sua curiosidade abraçava potencialmente todos os temas que mais tarde se tornaram o campo do antiquário. Tucídides agiu de um modo que fez que Heródoto não prevalecesse. Em consequência, a história tornou-se uma narração de acontecimentos políticos e militares, dando-se preferência aos eventos que os próprios historiadores haviam presenciado. Todos os historiadores "clássicos" depois de Heródoto – Tucídides, Xenofonte, Éforo, Políbio, Salústio, Lívio, Tácito – adequaram-se a esse padrão.

A erudição, como Políbio deixa claro em sua polêmica contra Timeu, não era um elemento essencial; com efeito, não era nem mesmo uma qualidade desejável em um historiador. Autores de história local, de cronografias, genealogias, dissertações eruditas, obras etnográficas, quaisquer que fossem seus méritos, não se qualificavam como verdadeiros historiadores. É suficiente que nos lembremos de que a lista dos historiadores importantes em Quintiliano inclui, entre os gregos, Heródoto, Tucídides, Xenofonte, Teopompo, Éforo, Filisto, Clitarco e Timagenes. Nem um antiquário sequer é incluído – nenhum dos historiadores locais da Ática. Se os historiadores da Sicília forem considerados verdadeiros historiadores (como a menção a Filisto parece indicar), é porque a Sicília era um mundo por si só, e os conflitos entre os gregos e os cartagineses eram de importância política geral. Os historiadores da Sicília eram mais do que historiadores locais. Não é por acaso que Antíoco de Siracusa havia sido uma fonte para Tucídides, enquanto Filisto, o seguinte no tempo e em importância, era um admirador e um imitador de Tucídides. Nenhum escritor que tivesse se ocupado de ritos religiosos, leis bárbaras, nomes obsoletos ou história local chegou até nós com uma reputação comparável àquela de Éforo ou de Salústio. Todo mundo achava que escritores desse tipo eram qualquer coisa, menos historiadores. E seria realmente difícil responder com clareza – a quem perguntasse – o que de fato eram.

Uma palavra abrangente para designar o que chamamos de estudos antiquários não existiu na Antiguidade, ainda que em época helenística e romana a noção fosse expressa, com certa falta de precisão, por termos como *kritikos, philologos, polyistor, grammatikos, doctus, eruditus, literatus*. A associação mais próxima era *archaiologos*, como registrado em Platão. O sofista Hípias diz no platônico *Hípias Maior* (285 D) que as genealogias de heróis e de homens, as tradições sobre as fundações das cidades e as listas dos magistrados epônimos são parte de uma ciência chamada arqueologia. O fato de Platão botar a palavra "arqueologia" na boca de Hípias não prova exatamente que Hípias a teria usado. Mas Hípias era uma autoridade nos temas mencionados por Platão. Ele compilara a lista dos ganhadores nos jogos olímpicos, e realizava pesquisa a respeito de nomes e de leis. Além disso, arqueologia é uma daquelas palavras abstratas tipicamente inventadas por sofistas. O que Platão prova, em todo caso, é que nos séculos V e IV a.C. alguns tipos de estudos históricos eram chamados arqueologia, e não história. Essa conveniente terminologia não foi usada de modo generalizado depois do século IV a.C. A arqueologia foi empregada no período helenístico e em época romana para indicar uma obra de história arcaica ou uma história que começasse com as origens. A *Arqueologia romana*, de Dionísio de Halicarnasso, é uma história arcaica de Roma. A *Arqueologia judaica*, de Flávio Josefo, é uma história dos judeus que começa com as suas origens e vai até a época de Josefo. Uma obra escrita pelo rei Juba, composta na época de Augusto, podia ser chamada tanto de História Romana quanto de Arqueologia Romana. A um poema atribuído a Simônides sobre as origens de Samos foi retrospectivamente dado o nome de *Arqueologia de Samos*, e até a *Atthis*, de Fanodemo, uma obra do século IV a.C., foi mais tarde chamada de *Arqueologia* porque tratava principalmente da história arcaica de Atenas. Assim, na época helenística, a palavra "arqueologia" perdeu o sentido que encontramos em Platão. Se Hípias tentou estabelecer *archaeologia* em oposição a *historia*, ele fracassou. Os outros termos que mencionamos, de *philologos* até *eruditus*, nunca foram precisos. O fracasso é significativo. Quer dizer que os antigos nunca foram capazes de fazer uma distinção clara entre história propriamente dita e um tipo diferente de pesquisa que se ocupa do passado sem ser história.

Mas o fracasso em criar uma distinção epistemológica clara e permanente entre história e outro tipo de pesquisa não implica que essa distinção tivesse sido esquecida ou que fosse sentida apenas vagamente. A história local, a genealogia, a cronologia, a mitografia, o estudo das leis antigas, as cerimônias, os nomes etc. desenvolveram-se fora da tendência geral da historiografia. Pelo lado negativo, esses estudos eram caracterizados por uma falta de interesse primordial pelo aspecto político, por uma indiferença pelas questões contemporâneas de importância geral e por uma falta de qualidade retórica. Pelo lado positivo, esses estudos eram caracterizados por um interesse pelos detalhes minuciosos do passado, por um patriotismo local não disfarçado, pela curiosidade por eventos pouco comuns e por monstruosidades, e pela ostentação da erudição como um fim em si mesmo.

Um traço, não de todas, mas de muitas dessas obras, precisa ser sublinhado particularmente porque estava destinado a determinar o futuro do que chamamos estudos antiquários. Refiro-me ao tratamento sistemático. A história comum é ordenada cronologicamente. O sentido da narrativa histórica depende do fator tempo, da sucessão correta de acontecimentos. Muito da pesquisa que hoje examinamos não era fiel a esse princípio cronológico de organização. Era sistemática e abrangia todo o tema, seção por seção: era descritiva de uma forma sistemática e não explanatória em uma ordem cronológica. Isso era natural. Se você estuda o nome das nações, *ethnon onomasiai*, ou os sacrifícios habituais em Esparta, *peri ton en Lakedaimoni thusion*, a forma mais fácil de aproximação é o exame de um por um. As datas de muitos acontecimentos políticos são conhecidas, mas as da origem das instituições e das palavras são tanto desconhecidas quanto difíceis de serem descobertas. Quando era fácil estabelecer uma cronologia – ou quando era o propósito da pesquisa –, os antiquários não tinham, é claro, objeção à ordem cronológica. A maneira mais fácil de escrever a respeito de um tema antiquário, como a história local, era fazê-lo em ordem cronológica. Com efeito, em algumas histórias locais, os nomes dos magistrados epônimos do ano eram postos antes do registro dos eventos daquele ano. A crônica local de Atenas foi organizada de acordo com a sequência dos arcontes atenienses (Jacoby, *Fr. Gr. Hist.* III, b, II, p.14, n.132); a crônica de Samos de acordo com os magistrados sâmios (Herod. III, 59, 4; Tuc. I, 13, 2).

A ordem sistemática, em última análise, veio representar o maior, se não o único, critério de distinção entre a história propriamente dita e as outras pesquisas a respeito do passado. Tendo sido adotado por Varrão em suas *Antiquitates*, esse critério tornou-se também um traço dos estudos romanos a respeito do passado e foi transmitido aos humanistas do século XV. O fator tempo, assim, teve um papel menor nos estudos antiquários do que naqueles dedicados à história política. Por sua vez, as obras sobre a história política evitavam qualquer apresentação sistemática: de toda forma, ninguém pensava na *Política* de Aristóteles (quando ela se tornou conhecida) como um livro de história.

III

Há uma confirmação para a minha tese de que o surgimento da pesquisa erudita coincidiu com a criação do pensamento político por Tucídides. Toda a documentação que possuímos parece indicar que os livros sobre história local e também as listas de magistrados, de cerimônias religiosas, de nomes próprios e de outros monumentos de interesse histórico foram escritos pela primeira vez nos últimos trinta anos do século V a.C. Não há dúvida de que as listas de magistrados e os registros de acontecimentos locais existiram antes dessa época, mas não foram tomados como objeto de pesquisa científica. A etnografia e a genealogia tinham uma posição diferente. Existiam como ciência antes de Tucídides. Como vimos, elas condicionaram o trabalho de Heródoto e tornaram-se parte da sua ιστορία. Mas, quando Tucídides restringiu sua história aos acontecimentos políticos, a etnografia e a genealogia transformaram-se igualmente em temas eruditos.

A pesquisa antiquária – ou *archaeologia* – tinha uma importância prática. As listas dos ganhadores dos jogos olímpicos, preparadas por Hípias, e as listas das sacerdotisas de Hera, em Argos, e as dos ganhadores dos jogos Carneios em Esparta, compiladas por Helânico, contribuíram para o estabelecimento de uma melhor cronologia no mundo grego. Mas as questões levantadas por muitos estudos antiquários eram de importância teórica até maior. O estudo das origens das cidades, a comparação entre leis e costumes bárbaros e gregos, a procura dos primeiros inventores de artes e técnicas levaram a uma valoração da civilização humana. O fogo, o alfabeto, a domesticação do cavalo, a descoberta da navegação teriam sido um dom dos deuses ou um produto da atividade humana? Se o homem havia sido o inventor, como teria ele chegado a isso? Por acaso? Por imitação? Combatendo os deuses? Se tivesse sido por imitação, imitação de quem e do quê? Enquanto a pesquisa histórica, nos termos tucididianos, barrava esse tipo de problema, os sofistas gostavam deles e os transmitiram a gerações posteriores de filósofos e de eruditos. O próprio Hípias escreveu a respeito dos nomes das nações, e com Crítias produziu descrições das constituições das várias cidades e regiões. Helânico não era um sofista, ainda que tivesse feito distinções de caráter filosófico (*Arr. Diss.* II, 19, i, citado por Aulo Gélio I, 2, 10); mas pelo menos, a julgar pelos títulos, seus temas eruditos eram indistinguíveis dos temas dos sofistas: "Sobre as nações, nomes de nações, fundações de cidades e de nações, leis dos bárbaros".

Um elemento de jogo e de passatempo foi intrínseco à erudição desde o seu início. Quando um autor do século V a.C.

produzia uma dissertação a respeito dos pais e dos ancestrais dos guerreiros que foram a Troia, pode-se assumir – ou ao menos se espera – que não o fizesse a sério. O prazer erudito é sempre ambíguo. A pesquisa erudita dos sofistas fornecia o material necessário para a visão que tinham sobre a natureza e a civilização humana e era, portanto, mais próxima da filosofia do que de qualquer outro tema. O caráter sistemático da erudição se afinava com o caráter sistemático da filosofia. Infelizmente estamos muito mal informados a respeito dos escritos teóricos dos sofistas sobre política, mas parece que eles usavam a pesquisa antiquária para apoiar suas teorias jurídicas.

A ligação entre a pesquisa filosófica e a erudição se manteve durante o século IV. Platão não tinha interesse pela história no sentido tucidiano, mas estimulava os estudos a respeito dos costumes e das leis, a julgar por sua própria obra *Leis* e pelas atividades enciclopédicas de seu aluno Heráclides Pôntico. O livro terceiro das *Leis*, de Platão, é um exame das origens da civilização de acordo com os princípios dispostos pelos sofistas. O que Diógenes Laércio chamou de livros históricos de Heráclides, "Sobre os pitagóricos" e "Sobre as descobertas", são, de fato, pesquisas antiquárias fora da tendência majoritária da história: "descobertas" é um tema típico da erudição sistemática. Na escola de Isócrates, que no conjunto favorecia a história tucidiana, fora deixado um espaço para a erudição com o propósito de esclarecer do que tratava a civilização ou a paideia: Éforo, por exemplo, escreveu sobre as "descobertas", *heuremata*. Mas, é desnecessário dizer, foi na escola de Aristóteles que a erudição e a filosofia combinavam melhor. Aristóteles fundamentava todas as suas conclusões, e particularmente aquelas a respeito da política, em extensivos levantamentos sistemáticos de conhecimento empírico. Seus alunos Teofrasto e Dicearco desenvolveram suas visões sobre religião e civilização com base em pesquisa antiquária. Um exemplo famoso é o levantamento, feito por Teofrasto, das oferendas e dos sacrifícios para os deuses que é, ao mesmo tempo, um ataque aos sacrifícios tintos de sangue. Um dos traços notáveis da ciência aristotélica é a combinação da pesquisa antiquária com a crítica e a edição textual. Nós a encontramos em Alexandria, onde o aluno de Teofrasto, Demétrio de Falera, era ativo havia muito tempo. Alexandria oferecia outra combinação notável: a da pesquisa com a poesia. Como Rudolf Pfeiffer enfatizou repetidas vezes, a combinação do amor pela poesia com o estudo é pouco usual. A poesia alexandrina no século III a.C. e a poesia francesa no século XVI são os exemplos mais óbvios desse fenômeno. Calímaco e Apolônio de Rodes procuraram a pesquisa antiquária de acordo com regras que remontavam a Aristóteles, mas buscavam a poesia de um modo que — a julgar pela polêmica entre Calímaco e o peripatético Praxífanes — nem sempre contava com o apoio dos discípulos de Aristóteles.

A história tucididiana entrou em declínio no século III a.C. Alguns homens honestos, como Ptolomeu, Aristóbulo e Jerônimo de Cardia, foram contra a maioria de seus colegas historiadores ao tentar restaurar a verdade e a proporção dos acontecimentos de uma época que estava se tornando lendária sob os olhos daqueles mesmos que a haviam vivido. Algumas gerações mais tarde, Políbio, com razão, sentiu que durante o século anterior o amor pelo drama e a falta de experiência prática haviam estimulado uma crise na história política. A erudição prosperou onde a história política estava em declínio. O Egito não produziu praticamente nenhum historiador político sério depois do rei Ptolomeu, mas se tornou o centro da pesquisa antiquária. O interesse filosófico continuou a apoiar a erudição. Um dos resultados mais importante foi a noção de *bios*, "vida", que podia ser aplicada tanto ao indivíduo quanto a uma nação inteira. Escrever a história pessoal de um indivíduo não era novidade. No século V, Íon de Quíos e Estesímbroto de Tasos tinham feito resumos sobre contemporâneos seus. Os poucos fragmentos que restaram mostram que Íon de Quíos era um contador de histórias irresistível. Haviam sido escritas biografias no século IV. Temos uma, *Agesilau*, de Xenofonte, ou talvez duas, se tomarmos o *Evágoras*, de Isócrates, como uma biografia primitiva. As biografias, entretanto, se multiplicaram apenas em época helenística, e não há praticamente dúvida de que os peripatéticos foram muito responsáveis por esse desenvolvimento. Eles estavam interessados em tipos e, em última análise, o estudo de biografias era, para eles, o estudo dos tipos humanos. Eles estudaram os tiranos, os artistas, os poetas e os filósofos no formato das biografias.

Este não é o lugar de discutir os problemas relacionados com o desenvolvimento da biografia grega; tampouco é o momento de decidir se a biografia era uma forma de história para os gregos, ainda que nenhuma autoridade antiga tenha posto os biógrafos entre os bons historiadores. O certo é que (como explicou Friedrich Leo em 1901), em época helenística e romana, a biografia foi escrita em dois formatos, cronologicamente ordenada e sistematicamente organizada. A última nos interessa aqui.

A vida dos políticos e dos generais era geralmente escrita de acordo com uma sequência cronológica apropriada. Podemos ver em Plutarco que essas vidas tinham muito em comum com a história política regular do tipo tucididiano, se desconsiderarmos o fato de que a história regular desse tipo não incluía detalhes biográficos. A vidas dos poetas, dos artistas e dos filósofos foi frequentemente escrita de forma sistemática, examinando sucessivamente os vários aspectos de uma dada personalidade. Diógenes Laércio redigiu vidas de filósofos desse tipo, e um dos aspectos mais especulativos da teoria de Leo sobre a biografia grega foi sustentar que, quando Suetônio compôs a vida dos Césares em uma ordem sistemática, ele transferiu aos homens de ação a forma de biografia que originalmente servia apenas a escritores e artistas.

A forma biográfica que encontramos em Suetônio e em Diógenes Laércio está certamente em harmonia com a antiquária alexandrina; de fato, ela possuía todas as características que associamos à pesquisa antiquária. Deve ser comparada com a informação biográfica que os bibliotecários de Alexandria incluíam em suas tabelas ou guias, *pinakes*. Também era o tipo de biografia que não se restringia ao estudo das vidas individuais. Dicearco escreveu uma vida da Grécia que foi imitada pela *Vida do povo romano*, de Varrão, e talvez também por outra *Vida da Grécia* atribuída a Jasão. É verdade que Dicearco fez alguma distinção entre vida primitiva e vida civilizada, e que discutiu extensivamente as formas distintivas da vida primitiva, vistas por ele através de uma lente rósea. Mas, ao aproximar-se de tempos mais recentes, ele não deu muita atenção à ordem cronológica nem procedeu a uma descrição sistemática das instituições e dos costumes gregos à maneira de Suetônio. Um curioso produto indireto dessa biografia sistemática e erudita é o trabalho de Varrão, *Imagines* ou *Hebdomades*, no qual setecentos retratos de romanos e de não romanos foram coletados, cada qual com seu próprio elogio.

A pesquisa histórica em seu formato antiquário também se distinguiu pelo uso extensivo de quadros, inscrições e monumentos. Historiadores sérios, de Tucídides a Políbio, de Fábio Pictor a Tácito, valeram-se ocasionalmente de arquivos, mas nenhum deles jamais começou a escrever uma história pela busca sistemática de documentos. Nem mesmo Dionísio de Halicarnasso, que sofreu a influência de Varrão, sentiu a necessidade de realizar um estudo aprofundado de material dos arquivos romanos. Os historiadores raramente iam a arquivos e com menor frequência ainda citavam *in extenso* os documentos que porventura ali tinham encontrado. Os eruditos, *filologoi*, fizeram da coleta de documentos o seu negócio. A obra de Aristóteles a respeito das encenações dramáticas em Atenas estava fundamentada nos registros originais. Crátero, talvez seu contemporâneo mais jovem, copiou e publicou decretos áticos (Jacoby, *Fr. Gr. Hist.*, n.342). Pólemon escreveu um trabalho "sobre as inscrições cidade por cidade" e sabemos que pelo menos em um caso ele cita um decreto ático literalmente (C. Müller, *Fragm. Hist. Graec.* III, 138). O trabalho dos cronólogos helenísticos se fundamenta na exploração dos registros públicos – tais como listas de magistrados (para as quais Hípias já tinha dado o exemplo no século V a.C.). Mais tarde Varrão empregou documentos oficiais como apoio a suas etimologias. Ele mergulhou em *censoriae tabulae, comentarii consulares, libri augurum, carmina saliorum*, e assim por diante.

Estátuas, templos, objetos votivos foram ilustrados em monografias e em manuais gerais. Heródoto, é claro, examinou com cuidado os monumentos que viu. Mas a historiografia tucididiana economizava no uso que fazia da evidência advinda de monumentos; e, depois de Tucídides, o estudo de documentos arqueológicos e epigráficos nunca mais fez parte das questões que ocupavam o historiador comum. Como compensação, o velho tipo de descrição geográfica, a *periegesis*, foi transformada de sorte a satisfazer as necessidades da pesquisa antiquária quanto a monumentos. O geógrafo tornou-se, com frequência, um antiquário. No século II a.C., Pólemon provavelmente se autodenominava um *periegetes*: ele era, de fato, um guia erudito, um remoto antecessor do *Cicerone*, de Burckhardt. A monografia antiquária podia ser restrita a ponto de incluir apenas os monumentos da acrópole ateniense, ou tão abrangente que abraçasse a Grécia inteira, que é o que Pausânias quase conseguiu fazer. Pólemon foi, inclusive, além da Grécia ao escrever sobre a Samotrácia e Cartago. Histórias locais tornaram-se repletas de detalhes de antiquária, e o maior de todos os historiadores locais de Atenas, Filocoro, era também um dos escritores mais ativos de monografias sobre as inscrições áticas, as instituições religiosas e outros temas antiquários. Podemos tomar essas monografias como produtos indiretos de sua obra *Atthis*.

IV

Para resumir aquilo que não posso discutir aqui em detalhes, podemos distinguir cinco tendências principais na erudição helenística. Uma diz respeito à edição e ao comentário dos textos literários. A segunda é a coleção de tradições antigas sobre cidades individuais, regiões, santuários, deuses e instituições específicos. A terceira tendência refere-se à descrição sistemática de monumentos e à cópia de inscrições. A quarta é a compilação de biografias eruditas, e a quinta, a cronologia. Nenhum desses tipos de pesquisa era completamente novo no período helenístico, e nenhum foi tratado invariavelmente de modo sistemático. Alguns dos temas que hoje deveríamos colocar no centro da pesquisa histórica eram deixados para os estudiosos eruditos. Eles lidavam com o documento original a respeito do passado, estudavam as primeiras manifestações de civilização, mantinham-se em contato próximo com a filosofia, e de fato eram biógrafos profissionais. Os historiadores políticos tomaram conhecimento desses temas apenas marginalmente e portanto foram incapazes de apresentar a história em um contexto mais amplo. Por outro lado, os eruditos quase nunca tentavam relacionar seus temas com os desenvolvimentos políticos.

Eu não me importaria se me solicitassem um julgamento simples a respeito das diferenças entre a erudição do século II a.C. e a dos dois séculos seguintes. É evidente que a continuidade de temas e de métodos foi de alguma forma afetada pelo declínio geral do mundo helenístico nos séculos II e I a.C. sob a pressão dos romanos. Fatores maiores do que as meras limitações e os erros intelectuais explicam a óbvia falta de criatividade que se percebe em amplos setores da historiografia e da erudição no segundo, mas especialmente no primeiro século a.C. Os estudos históricos do século I a.C. são, particularmente, mais notáveis por seu caráter enciclopédico – tanto no lado político quanto no erudito – do que pela originalidade de ideias: Alexandre, o Polímata, Castor, Trogo Pompeu, Diodoro foram autores completos, mas não foram criativos. Ainda assim, o imperialismo romano não foi uma influência totalmente negativa. A existência de Políbio e de Posidônio seria impensável sem Roma; da mesma forma, os horizontes amplos da *orbis* romana foram responsáveis, em alguma medida, pela enorme gama de interesses de Alexandre, o Polímata, Trogo Pompeu e Diodoro. Políbio reconheceu que os romanos tornaram possível a história universal. Além disso, os próprios romanos descobriram uma fonte de força nacional na erudição. Eles deram um sentido de urgência à tarefa de absorver os métodos da ciência grega; tanto que até os próprios mestres gregos se surpreenderam. A erudição histórica aproximou-se mais da política em Roma do que havia ocorrido no mundo helenístico. A pesquisa antiquária revelou aos romanos costumes a serem reavivados e precedentes a serem respeitados. Imperadores como Augusto e Cláudio foram ágeis em absorver as vantagens inerentes a um antiquariato bem explorado.

Varrão herdou o *esprit de système* de seus antecessores helenísticos, mas o aplicou com tanta consistência, força e plenitude de resultados que ofuscou todos seus predecessores. Seus contemporâneos ficaram maravilhados e, cinco séculos mais tarde, Santo Agostinho ainda estava sob seu fascínio. Vinte e cinco livros tratavam da *antiquitates rerum humanarum* [antiguidades humanas], e dezesseis, da *antiquitates rerum divinarum* [antiguidades divinas]: o próprio paralelismo entre as duas séries era algo desconhecido entre os gregos. Varrão gostava de alternar obras sistemáticas com observações sobre temas heterogêneos. Seus sucessores, de Suetônio a João, o Lídio, no século VI, seguiram-no nas duas direções.

A ciência antiquária permaneceu uma inspiração viva em Roma até o final: é suficiente mencionar a erudição antiquária dos assim chamados últimos pagãos no século IV a.C., Sérvio,

Macróbio, Símaco. Mas nunca houve outro Varrão. Isso significa que nunca mais houve uma situação em que a descoberta de novos fatos tivesse sido perseguida tão insistentemente e tão eficazmente quanto na época de César. Em Roma, talvez até mais rapidamente do que nos reinos helenísticos, a erudição era sinônimo de compilação, e compilação conduzia a sumários, excertos, escólios – a finalidade da pesquisa vigorosa e criativa. Consequentemente, a tendência de fusão da pesquisa histórica com o antiquariato tornou-se insignificante depois de Augusto. Um historiador com interesses antiquários como Dionísio de Halicarnasso permaneceu uma exceção. Mais tarde, Tácito pôde recuperar bons efeitos marginais dos detalhes antiquários, mas nada além. Os antiquários, é certo, mantiveram seu laço tradicional com os filósofos: de Varrão a Macróbio, muitos deles se interessaram por filosofia, mas nenhum parece ter sido um pensador original. É significativo que a pesquisa antiquária tenha sido realizada para contribuir para as polêmicas religiosas tanto do lado pagão quanto do lado cristão. Mas talvez o único filósofo romano que tenha utilizado a pesquisa antiquária para estabelecer novas proposições filosóficas tenha sido Santo Agostinho: e as novas proposições foram tais que tornaram supérflua qualquer pesquisa antiquária ulterior.

A pesquisa sobre as antiguidades não sofreu interrupção durante a Idade Média ocidental, à qual limitarei minhas observações. As enciclopédias (como a de Isidoro de Sevilha) transmitiam noções gerais sobre a Antiguidade clássica. A descrição sistemática das instituições e costumes não desapareceu por completo. As ruínas de Roma eram tema de constante curiosidade, e as descrições de tais antiguidades – os *Mirabilia* – são espécimes de levantamento sistemático. Inscrições foram coletadas ocasionalmente; monumentos individuais ou gemas foram examinados. Historiadores eclesiásticos usaram as inscrições e outros documentos antiquários para fundamentar suas pretensões. No século IX, Agnellus de Ravena é um exemplo notável, com seu *Liber pontificalis*. A obra *De antiquitate glastoniensis ecclesiae*, de Guilherme de Malmesbury, é um trabalho posterior e mais bem conhecido do mesmo gênero. Mas, tanto quantitativa quanto qualitativamente, esse tipo de pesquisa foi muito restrita para ter uma incidência verdadeira sobre os estudos históricos. A pesquisa antiquária sistemática não foi praticada de meados do século VII até o século XIV.

Alguns fatos saltam à vista. No século XIV, Petrarca examinou as antigas fontes literárias com uma atenção aos detalhes de linguagem e de história sem precedente desde o século IV d.C. Ele se valeu de moedas romanas para corrigir ou completar o documento literário. Seu amigo Giovanni Dondi realizou um estudo detalhado dos monumentos com uma técnica científica jamais empregada por nenhum antiquário. Na questão da topografia romana, como em tantos outros temas, Petrarca deveu muito à tradição medieval: os *Mirabilia* eram ainda uma autoridade para ele. Mas ele criou um novo método que, no curso das duas gerações seguintes, deveria promover uma ruptura completa com os *Mirabilia* e com as enciclopédias medievais.

A *Genealogia deorum*, de Boccaccio, e o *De laboribus Herculis*, de Salutati, ainda mostram uma óbvia dependência dos métodos medievais de interpretação. *Roma triumphans*, de Biondo, e *Miscellanea*, de Policiano, pertencem a um mundo novo e diferente — desenvolvem o método de Plutarco em toda sua potencialidade. O caso de Policiano é o mais simples. Ele imitou na *Miscellanea* a combinação da pesquisa antiquária e filológica que

Aulo Gélio tinha exposto em *Noctes atticae*. A única diferença é que ele é muito mais preciso e inteligente do que Aulo Gélio. Biondo fez renascer antigas formas que tinham desaparecido mil anos antes. Ele deliberadamente tentou reviver as *Antiquitates*, de Varrão. O resultado, um pouco diferente do Varrão original, tornou-se o protótipo de toda a pesquisa antiquária posterior a respeito de Roma antiga. Depois de ter dedicado o seu *Roma triumphans* às instituições romanas, e o *Roma instaurata* à topografia romana, ele produziu sua obra mais original, *Italia illustrata*. Outros seguiram Biondo com pesquisas sobre a Alemanha, a Espanha e a Inglaterra. Biondo separou rigorosamente a pesquisa antiquária da história, mesmo que ainda estivesse interessado na última e tivesse sido de fato um dos fundadores da história medieval com o seu *Historiae ab inclinatione romanorum*. Assim como Policiano foi o mestre da nova pesquisa sobre detalhes individuais, Biondo foi o precursor dos manuais antiquários sistemáticos e o fundador da pesquisa científica moderna sobre antiguidades de todos os países europeus.

V

A famigerada palavra "Renascença" tem um sentido preciso quando aplicada à pesquisa histórica dos séculos XV e XVI. Algo havia sido de fato chamado à vida: a antiga pesquisa erudita como uma disciplina autônoma que não deve ser confundida com a história. No século XV, o termo *"antiquarius"* adquiriu o sentido de "estudante de objetos antigos, costumes, instituições, com vistas à reconstrução da vida antiga". Felice Feliciano se autodenominava *"antiquarius"* naquele clássico texto do antiquariato do século XV, o *Iubilatio*. Filologia e antiquariato tinham sido inseparáveis na Antiguidade; eram de novo inseparáveis na Renascença. É mais difícil decidir até que ponto o velho laço entre a filosofia e o antiquariato foi renovado nos século XV e XVI. Os antiquários normalmente imprimiam em suas obras posições religiosas, artísticas e políticas muito fortes. Havia os antiquários que gostavam do paganismo (como Pompônio Leto). Outros (como Guillaume Budé) preocupavam-se com as relações entre helenismo e cristianismo. A maioria via a Antiguidade como modelo de arte, arquitetura e festivais, e admiravam as leis e as instituições romanas. O antiquariato aparecia como um renascimento das antigas formas de vida: ajudava as nações a adquirirem autoconfiança ao redescobrir suas antigas tradições. Os imitadores de Biondo na Alemanha, na Espanha e na Inglaterra contribuíram para a formação do nacionalismo em seus respectivos países.

De início, teóricos da história ignoraram completamente a pesquisa antiquária e, mais tarde, a declararam história de um tipo diferente e menos perfeito. Em 1605, depois de ter feito uma distinção entre antiguidades, memoriais e história perfeita, Francis Bacon denominou antiguidades a "história desfigurada ou alguns vestígios de história que acidentalmente escaparam do naufrágio do tempo". A distinção repercutiu em Gerard J. Vossius, em sua divisão tripartite de *antiquitates, memoriae et historia iusta*. O tipo de história professado por Tucídides e por Lívio – a narrativa em ordem cronológica de acontecimentos políticos e militares – era considerada superior ao esforço de antiquários em reconstruir sistematicamente instituições e costumes.

Híbridos que combinavam a narrativa histórica e a pesquisa sistemática existiram; mas, até onde conheço, estes não abordaram nem Roma nem a Grécia como um todo. Encontram-se principalmente em obras de etnografia e de história local. Vimos como, na Grécia, também a etnografia antiga e a história local tinham mais afinidade com obras antiquárias do que com obras históricas. O *De rebus siculis* de Tommaso Fazello (1558) é um bom exemplo. A primeira parte da obra está organizada não cronológica, mas geograficamente, como um levantamento de cidades da Sicília. A segunda parte é a história da ilha.

Enquanto as implicações filosóficas e teológicas da pesquisa antiquária eram, com frequência, vagas nos séculos XV e XVI, elas se tornaram muito mais definidas no século seguinte. Como já mencionei com relação a Peiresc, os antiquários pensavam estar aplicando o método de Galileu ao estudo do passado. Duas gerações depois de Peiresc, Giovanni Giusto Ciampini tornou a pesquisa antiquária uma parte das atividades de sua *Accademia Fisico-Matematica* em Roma. No século XVII, controvérsias políticas e religiosas tiveram um efeito adverso nos estudos regulares de história. Pirronistas questionavam em alto e bom som se os livros de história podiam ser considerados mais do que visões facciosas dos acontecimentos. Historiadores comuns enfrentavam o descrédito devido aos serviços prestados a causas dinásticas e sectárias. Mas os antiquários não partilhavam desse descrédito. Eles mantinham uma atitude de estudiosos descompromissados. Sentiam-se parte de uma irmandade internacional. Diferenças religiosas e políticas não eram barreiras para eles. A resposta que tinham para as dúvidas sobre a confiabilidade da história era apontar para documentos de autenticidade indisputada — moedas, estátuas, edifícios, inscrições. O pirronista F. W. Bierlingius foi tão longe que chegou a insinuar que até as moedas estavam sujeitas a interpretações contrastantes e G.-Ch. Le Gendre admitiu que o "mármore e o bronze, por vezes, mentem". Addison, no entanto, respondeu que "é muito mais seguro citar uma medalha do que um autor". Charles Patin acrescentou que, por sua objetividade, as moedas antigas ajudam o historiador a controlar as suas paixões. Seria ingênuo aceitar completamente a pretensão de imparcialidade dos antiquários. Os antiquários empregaram, com efeito, mais documentação literária do que estavam dispostos a admitir, e estavam mais envolvidos em políticas dinásticas e religiosas do que deveriam se quisessem manter sua imparcialidade. Os livros antiquários dedicados às relações entre paganismo, judaísmo e cristianismo tornaram-se moda. Eram escritos por *érudits* que tinham total domínio sobre a documentação completa; e que livros estranhos eles com frequência eram: os autores, como Athanasius Kircher, combinavam a ciência com todo tipo de visão teológica. Outro tipo comum de livro antiquário era aquele que apoiava as reivindicações dinásticas ou eclesiásticas às origens ou privilégios antigos: as batalhas políticas entre príncipes e aquelas entre sés eclesiásticas eram com frequência combatidas por antiquários com armas antiquárias. Jesuítas e beneditinos notoriamente tentaram debilitar um o terreno do outro por meio da descoberta de falsificações no campo oposto. É verdade, entretanto, que a introdução dos argumentos antiquários representou uma melhoria definitiva nas controvérsias eclesiásticas e dinásticas. Sofismas e injúrias eram desencorajados por não oferecer garantias contra o uso metódico de inscrições e de documentos de arquivo. Quando Mabillon, interessado em refutar Papebrochius, produziu o seu *De re diplomatica*, Papebrochius foi o primeiro a parabenizar seu opositor. Os carmelitas, que não respeitaram as regras do jogo e conseguiram a condenação de Papebrochius pela Inquisição espanhola (1695) devido às suas dúvidas a respeito da antiguidade dessa ordem, ficaram desacreditados em todos os círculos mais cultos.

VI

Se uma distinção merece ser feita entre as confissões religiosas no campo dos estudos antiquários do século XVII, eu sugeriria que os católicos apoiaram-se mais do que os protestantes nas inscrições, nas moedas e no documento arqueológico. Os protestantes empregaram muito a crítica bíblica e o estudo dos Patriarcas para fundamentar suas posições. A iniciativa de crítica de textos literários era deles. Richard Simon decepcionou-se quando tentou levar a crítica bíblica ao campo dos católicos: Bossuet, com um pé em Espinosa, decidiu que essa tentativa deveria ser desmascarada e punida. Os monumentos, as inscrições, as relíquias e a liturgia constituíam uma nova área em que os católicos tinham boa razão para confiar. Tinham a vantagem de controlar Roma com todos seus documentos pagãos e cristãos. Percebiam também, com justeza, que a arqueologia possivelmente poderia trazer à tona muitas, se não todas, tradições. Além disso, sob a pressão protestante, os católicos sentiam a necessidade de eliminar todos os acréscimos posteriores a seu culto — e aqui, mais uma vez, a pesquisa antiquária poderia ser prestativa. Roma tornou-se o centro da pesquisa antiquária no início do cristianismo; e em 1632 surgiu a primeira obra clássica sobre a Roma cristã: *Roma sotterranea*, de A. Bosio. Raffaello Fabretti, o fundador da moderna metodologia epigráfica, e Ciampini trabalharam em Roma com incumbências oficiais. Na França, os beneditinos de St. Maur monopolizaram cada vez mais os estudos antiquários.

As conquistas dos antiquários do século XVII não podiam deixar de atrair a atenção dos historiadores. Em aproximadamente 1715, Scipione Maffei, em seus projetos para a reforma das universidades de Pádua e de Turim, indicou a necessidade de introduzir os estudos das inscrições, das moedas e dos documentos oficiais como parte do treinamento dos historiadores. Mais tarde, no mesmo século, A. L. von Schlözer e J. C. Gatterer transformaram Göttingen no centro de uma escola histórica em que o trabalho do antiquário era oficialmente reconhecido como subordinado à pesquisa histórica.

Em outros lugares, os historiadores foram mais devagar. O uso das inscrições, das moedas e dos documentos oficiais para uma pesquisa regular de história estava longe de ser algo comum no final do século XVIII e no início do XIX. Afinal, mesmo em 1850, a *História da Grécia*, de Grote, foi escrita apenas a partir de documentos textuais: inscrições contribuíram minimamente, e os vestígios arqueológicos menos ainda. Nem Grote, nem Boeckh, nem Burckhardt chegaram a visitar a Grécia. Além disso, o uso de documentos não textuais na pesquisa histórica não significava necessariamente que os historiadores comuns estivessem preparados para enfrentar os problemas específicos com que lidavam os antiquários. Muitos historiadores que usaram a documentação não textual estavam interessados em história política e militar, e não em história institucional e cultural. O formato de seus livros de história continuou sendo a "estória" em ordem cronológica, enquanto os antiquários permaneceram fiéis a seus manuais sistemáticos e a suas dissertações heterogêneas.

A situação é ainda um pouco mais complicada. Mesmo que os antiquários tenham conquistado o respeito de alguns historiadores pela maneira sólida com que tratavam a documentação não literária, eles também ganharam novos e perigosos inimigos. Não podiam mais se apoiar nos filósofos. Os enciclopedistas franceses declararam guerra à erudição e cantaram a vitória. Gibbon registrou o que havia acontecido: "Na França [...] a cultura e a língua grega foram negligenciadas por uma era filosófica". Não nos é possível aqui analisar as razões pelas quais os enciclopedistas foram tão hostis à erudição. De toda forma, eles perceberam que a erudição tinha deixado de ser um aliado na defesa do pensamento livre, como havia sido nos dias de Bayle. A aliança rompera-se como resultado do notável renascer dos estudos católicos na França e na Itália entre 1690 e 1740. Depois de Mabillon, Montfaucon, Tillemont e Muratori, tornara-se muito difícil acusar os católicos de serem ignorantes e pouco críticos. Nas disputas eruditas, eles demonstravam tanto conhecimento e senso crítico quanto seus rivais. Tinham aprendido como usar as notas de rodapé, que um dia haviam sido o instrumento favorito da polêmica de Bayle. Assim, Voltaire aboliu todas as notas de rodapé. Em um nível mais elevado, o ataque dos enciclopedistas contra a erudição se voltou para o sentido da história. Eles reconheceram a importância dos temas estudados pelos antiquários – direito, instituições políticas, religião, costumes, invenções. Pensavam, entretanto, que os antiquários estudavam esses temas de uma forma equivocada, acumulando detalhes insignificantes e ignorando a luta entre as forças da razão e aquelas da superstição. Uma das posições essenciais de Voltaire com relação à história era que detalhes em demasia impediam a compreensão do *"esprit des temps et le moeurs des peuples*" [espírito do tempo e os costumes dos povos]. Deve-se admitir que esse ataque era lançado em uma época em que os antiquários tinham se tornado um corpo bastante conservador.

Não havia, entretanto, uma razão convincente de por que a história filosófica não poderia estar associada à erudição. O ódio de Voltaire aos *érudits* não era regra geral e tampouco onipresente. Na Itália, Vico tinha preparado de algum modo o caminho para uma síntese entre a filosofia e a erudição. Na Alemanha e na Inglaterra, alguns historiadores logo combinaram os dois elementos. A *História da arte grega*, de Winckelmann, e o *Declínio e queda*, de Gibbon, são produtos dessa combinação, e sabemos como Gibbon tinha consciência de ser tanto um antiquário quanto um filósofo – isto é, ele era um historiador filosófico com um amor antiquário pela minúcia e pela documentação não literária.

Se tivesse sido feito um levantamento de todos os estudos históricos alguns anos antes da Revolução Francesa, ele provavelmente revelaria a seguinte situação. Os métodos da pesquisa antiquária ganhavam lentamente espaço na história política, mas os historiadores filosóficos estavam ainda tentando descobrir o curso da civilização com um mínimo de pesquisa erudita. Os próprios antiquários estavam fazendo seu trabalho com um sentimento de desconforto, revelado em seus prefácios, por estarem fora de moda. Apenas alguns historiadores filosóficos decidiram com bravura combinar a filosofia com o antiquariato; e os resultados justificaram largamente seus esforços.

No curso do século XIX, Winckelmann e Gibbon tornaram-se mestres reconhecidos: os dois tipos de pesquisa histórica cada vez mais atuavam um sobre o outro e se aproximavam

As raízes clássicas da historiografia moderna

de uma síntese. Mommsen construiu sua história romana apoiando-se em textos legais, inscrições, moedas e no estudo das antigas línguas itálicas. Ele realizou um trabalho pioneiro que proporcionou resultados permanentes em todos esses campos, mesmo que seu objetivo tivesse sido essencialmente a história política. Na Alemanha em especial, vários teóricos da historiografia negavam às antiguidades o direito de sobreviver como tema independente. F. Ritschl, grande estudioso do latim, expressou suas opiniões em 1833; trinta anos mais tarde, J. G. Droysen simplesmente omitiu um lugar aos estudos antiquários em sua teoria do método histórico. E, o que é mais importante, os velhos tratados sistemáticos sobre as quatro antiguidades estavam sendo lentamente substituídos por exposições históricas regulares. K. O. Müller escreveu uma história da mitologia grega no lugar de um manual de antiguidades religiosas. L. Friedländer substituiu com o seu célebre *Sittengeschichte* as mais comuns antiguidades privadas dos romanos. H. Köchly e outros escreveram histórias da arte antiga da guerra no lugar de tratados sobre as antiguidades militares. A fusão perfeita da pesquisa antiquária com a história tucididiana parecia apenas uma questão de tempo. Mas, de alguma forma, essa fusão nunca ocorreu. Havia algo em seu caminho.

Mommsen, por exemplo, foi implacável. Escreveu seu *Staatsrecht* [Direito constitucional] e seu *Strafrecht* [Direito penal] de uma maneira sistemática e nunca condescendeu em tornar-se um historiador das instituições romanas. Ele insistia na solidez teórica de seu método: instituições individuais eram parte do todo e deviam ser estudadas como tais; essa era a maneira de evitar as fantasias de Niebuhr sobre a Roma arcaica. No caso de alguém suspeitar que Mommsen pregava visões reacionárias em questões de método histórico, me apresso em acrescentar que Burckhardt, ao escrever tanto seu estudo da Renascença italiana quanto sua história da civilização grega, usou o método descritivo e sistemático dos antiquários mais do que a rigorosa ordem cronológica dos historiadores. Os teólogos, por sua vez, jamais abandonaram o caráter sistemático em seus estudos cronológicos do judaísmo e do cristianismo (e foram, portanto, acusados com frequência de serem incapazes de compreender a história). Mesmo no começo do século XX, Eduard Meyer não hesitou em aceitar a distinção entre história e antiguidades.

Superficialmente, essa distinção era indefensável. Instituições e costumes religiosos são claramente o resultado da evolução e podem ser tratados historicamente apenas em ordem cronológica. A maneira de Mommsen de tomar o Estado romano como uma ideia platônica e de analisá-lo em suas partes constitutivas não pode fazer frente às críticas: um dos discípulos de Mommsen, E. Täubler, apontou esse fato nos termos corretos.

Na atitude de Mommsen e daqueles que compartilhavam suas posições havia, sem dúvida, um elemento considerável de conservadorismo intelectual. Estudiosos que haviam recebido uma formação jurídica ou teológica são conhecidos tanto por seu amor aos tratados sistemáticos quanto por sua vontade de não procurar as explicações históricas. Além disso, a historiografia alemã do século XIX reagiu como um todo contra a ideia comum no século XVIII de que a história da civilização era mais importante do que a história política. Se os historiadores típicos do século XVIII são estudiosos da civilização – Voltaire, Condorcet, Ferguson, Robertson –, os grandes nomes da historiografia alemã do século XIX, de Droysen a Treitschke, são basicamente historiadores políticos. Essa afirmação pode ser adjetivada de cem maneiras, mas de modo geral ela é correta e também explica por que Ranke insistiu em dar prioridade à política externa, isto é, à história política não diluída. A situação, pelo menos na Alemanha, era favorável à separação permanente entre a história política e a pesquisa antiquária a respeito de assuntos não políticos, como o direito e a religião.

Entretanto, podemos afirmar hoje, retrospectivamente, que a sobrevivência da pesquisa antiquária foi mais do que um mero fenômeno de conservadorismo acadêmico. Qualquer um que tenha tentado escrever a história das instituições ou das religiões sabe que não é tão fácil desfazer-se da ordem sistemática em nome de uma cronológica. O que em Mommsen era apenas implícito se tornou, agora, um ponto básico da sociologia, da antropologia e do que hoje é vagamente conhecido como estruturalismo. As instituições estão inter-relacionadas; as leis, costumes e cerimônias individuais são explicadas por outras leis, costumes e cerimônias. Cada Estado ou nação tem um sistema de crenças, de instituições, de leis, de costumes, que deve ser visto como um todo. É aqui que se encontra o dilema. Crenças e instituições têm um começo, uma evolução e um fim: nós podemos e devemos escrever sua história. De qualquer forma, uma história da religião ou do direito não está mais em discussão: ela existe. Mas nenhuma história simples conseguiu até hoje dar a noção de coerência interna, de significado, de uma instituição política ou de uma religião. Os antiquários estavam tradicionalmente próximos dos filósofos porque sua abordagem sistemática das instituições e das crenças permitia uma avaliação crítica dos princípios subjacentes a um sistema de leis ou a uma religião. A eliminação da abordagem sistemática a favor de uma abordagem histórica tornaria qualquer crítica de natureza filosófica muito difícil. Como devemos compreender e criticar um sistema jurídico, uma religião, uma instituição, se a ênfase for posta em sua evolução transitória e episódica? Obras maravilhosas como o *Staatsrecht*, de Mommsen, ou o *Geist des römischen Rechts* [Espírito do direito romano], de Jhering, somente foram possíveis porque seus autores preferiram o permanente ao transitório.

Acredito que estamos todos agora cientes desse dilema, ainda que não saibamos ao certo como sair dele. O que posso acrescentar sem ir além do fato é que as tentativas mais comuns de resolvê-lo admitem recentemente que o estudo estrutural das instituições e das crenças é um complemento necessário a seu estudo histórico. Mais ainda porque apenas um sistema de crenças ou de instituições pode ser comparado com outros sistemas; e estamos todos agora convencidos de que os métodos comparativos nos auxiliam a compreender os fatos históricos. Não conheço o suficiente a respeito da história da sociologia e da antropologia para poder dizer até que ponto os estudos antiquários contribuíram para as origens dessas ciências modernas. Em alguns casos individuais, o relacionamento entre estudos antiquários e a sociologia é óbvio: Max Weber era, e se sentia como, um discípulo de Mommsen. Émile Durkheim era um discípulo de N. Fustel de Coulanges, outro predecessor do estruturalismo com sua *Cité antique*. Em outros casos, a situação não é tão clara. W. Roscher, o fundador da moderna *Staatswissenschaft* [ciência do Estado], era um grande admirador de Tucídides. Qualquer que tenha sido a relação genética entre antiquariato e estudos estruturais, é um fato que o estruturalismo está hoje tomando o lugar da abordagem sistemática dos antiquários. Se essa há de se tornar uma solução satisfatória é uma outra questão.

Com o desaparecimento gradual da abordagem tucididiana, ou política, da história, esta não está mais confinada aos acontecimentos políticos. Tudo agora é suscetível de ser história, como quando Heródoto iniciou o trabalho em história. Nesse sentido, o antiquariato, sendo uma contrapartida da abordagem política da história, está agora morto. Mas a tarefa de descrever sistematicamente as instituições e as crenças não é algo que possa ser facilmente descartado como inútil. O surgimento da sociologia está certamente relacionado com o declínio do antiquariato porque a sociologia é a herdeira legítima dos estudos antiquários. Está claro que a relação de três lados entre a filosofia, o antiquariato e a história perfeita está agora sendo substituída pela relação entre filosofia, sociologia e história. Hípias teve um sucessor em Comte, e a recusa obstinada de Mommsen em abandonar a abordagem antiquária para as instituições romanas foi reivindicada por seu discípulo Max Weber. Nesse sentido, o antiquariato está vivo e ainda ouviremos falar a seu respeito.

Capítulo 4
Fábio Pictor e a origem
da história nacional[1]

I

Até agora navegamos em águas calmas: a historiografia grega existe de fato; o conflito entre as tradições historiográficas herodotianas e tucididianas torna-se óbvio assim que começamos a pensar a respeito. Da mesma forma se dá o conflito entre o antiquário e o historiador. Voltarei ao óbvio em minhas duas últimas palestras, quando tratarei da tradição de Tácito (isto é, da tradição da escrita da história política e do pensamento político derivados de Tácito) e com o novo tipo de historiografia introduzido pelo cristianismo, ou seja, a história eclesiástica.

A historiografia grega está, no entanto, circundada por territórios imensos não mapeados e cuja exploração mal começou. Há duas zonas em que eu gostaria de fazer uma incursão limitada hoje. Quero tratar brevemente da questão do que os

---

[1] O título original da conferência era "Fábio Pictor e a introdução da historiografia grega em Roma".

gregos podem ter aprendido com os persas quanto à escrita da história: isso vai envolver os judeus por razões que logo se tornarão evidentes. Também quero definir o que os romanos conheciam sobre a história antes de terem encontrado os gregos. O que unifica as duas questões é, naturalmente, a posição intermediária da cultura grega entre o Oriente e o Ocidente romano. Mas eu gostaria que esta conferência representasse também uma aula sobre um objeto, a *ars nesciendi*, a arte de reconhecer os limites de nossos conhecimentos atuais.

A primeira questão a respeito das possíveis influências persas envolve dois pontos da historiografia grega que, em mais de um sentido, são contraditórios entre si: o uso dos documentos – o sinal supremo de respeitabilidade do historiador profissional; e o abuso da narração – sinal seguro do tráfico ilícito com a ficção.

A segunda questão sobre o estágio pré-grego na escrita da história latina envolve alguns aspectos importantes da cultura latina: como ela saltou subitamente de um estágio de escrita analítica crua em latim para uma escrita histórica completa, primeiro em grego (o que é por si só notável) e depois em latim; e como ela criou o protótipo da moderna história nacional. Os gregos nunca foram capazes de produzir uma tradição de história política nacional para si mesmos pela simples razão de que nunca estiveram politicamente unificados. Era muito mais fácil para eles escrever sobre o Egito ou sobre a Babilônia como entidades políticas do que a respeito da Grécia como entidade política. Os romanos – e não os gregos – transmitiram à Renascença a noção de história nacional. Lívio foi o mestre. Nossa segunda questão envolve, portanto, uma tentativa de esclarecer o que, na tradição romana, preparou esse desenvolvimento muito importante e perigoso, a criação da história nacional.

II

Nós todos conhecemos o relato tradicional do surgimento da história nacional no Renascimento. Desenvolve-se mais ou menos assim. Em uma imitação consciente de Tito Lívio, Leonardo Bruni escreveu a história de Florença; Marcantonio Sabellico e Bembo escreveram a história de Veneza, Giorgio Merula escreveu a história dos viscondes de Milão, e assim por diante. Do mesmo modo, Enea Silvio Piccolomini escreveu a história da Boêmia; Antonio Bonfini, a da Hungria; Lucio Marineo Siculo, a da Espanha; Polidoro Virgílio, a da Inglaterra; Paulo Emílio, a da França. A Policiano foi solicitado que escrevesse a história de Portugal. Os humanistas italianos sustentavam-se honestamente fazendo comércio da história nacional de acordo com os modelos clássicos. Eles vendiam essa nova marca de história aos monarcas nacionais e eventualmente provocavam a competição entre os historiadores nativos. Por volta de 1500, Jacob Wimpfeling, *"videns Romanas, Venetas, Anglas, Pannonumque et Bohemorum ac Francigenum historias in dies lectum iri"* ["quando viu a história do romano, do veneziano, do inglês, do húngaro e do francês, decidiu que também faria sua cama no leito dessa era"], encorajou em primeiro lugar um amigo, e então assumiu ele mesmo a tarefa de escrever uma *Epithoma rerum Germanicarum* [Epítome da Alemanha] – *"ad gloriam Germanorum sempiternam"* ["para sempre a glória alemã"]. O escoceses também, ao contrário dos ingleses, não precisaram contratar um italiano para escrever sua história nacional no estilo de Lívio. Ainda que tenha começado mais tarde do que Polidoro Virgílio, Hector Boece (Boethius) completou suas *Scotorum historiae* em 1527, sete anos antes da publicação da *Anglica historia*. Recebeu uma pensão de cinquenta libras escocesas até que uma promoção lhe fosse concedida no valor de cem marcos. É claro que Boece falsificou uma parte de sua documentação, mas pelo menos ele produziu algumas boas falsificações domésticas, e não tramas feitas por mercenários "poluindo nossas crônicas inglesas de modo vergonhoso com suas mentiras romanas e outras bobagens italianas", como John Bayle se referiu a Polidoro Virgílio.

Há algumas limitações óbvias nesse relato. A importância de Lívio é suficientemente real na gênese das histórias modernas nacionais. Mas, quanto mais pensamos a esse respeito, menos de Lívio encontramos.

Em primeiro lugar, há um tipo de quadro humanista de nação que pouco tem a ver com Lívio. O melhor representante desse tipo é *Britannia*, de Camden. Como introdução, encontramos em Camden capítulos de narrativa histórica sobre a Bretanha pré-romana, a Bretanha romana e sobre os anglo-saxões e outros invasores posteriores. Mas o mais importante em sua obra é, naturalmente, a descrição sistemática da Bretanha em que cada localidade é apresentada com seus monumentos, homens, instituições e acontecimentos memoráveis, desde a Antiguidade até os dias do próprio Camden. Além disso, há capítulos sobre as leis e as instituições do país como um todo. O caráter sistemático da exposição – que antecipa alguns traços da moderna história social – teria sido ainda maior na outra obra planejada por Camden e da qual podemos ter uma ideia pelo texto chamado *Remains of Britain* [Reminiscências da Bretanha]. O protótipo usado por Camden em *Britannia* é, sem dúvida, a *Italia illustrata*, de Biondo. Deixarei para os especialistas renascentistas a velha questão: Biondo seguiu algum modelo? Em sua *Roma triumphans*, Biondo inspirou-se nas *Antiquitates*, de Varrão – ou mais precisamente no que lhe foi dito por Santo Agostinho a respeito das *Antiquitates*, de Varrão. Mas não tenho conhecimento de qualquer modelo para a *Italia illustrata*.

O que nos interessa aqui é que a forma Biondo-Camden de descrição sistemática de uma nação não apenas compete com o modelo estabelecido por Lívio como também parece estar inextricavelmente misturado a esse modelo. Em Camden já encontramos uma mistura limitada. Mas a mistura é muito maior em outras obras em que os especialistas percebem a influência de Lívio. Por exemplo, o *De rebus hispaniae memorabilibus*, de Marineo Siculo, é uma combinação de história política comum com um levantamento geográfico e etnográfico sistemático, que inclui uma lista razoável de santos espanhóis. Admite-se que o *De rebus hispaniae memorabilibus* reúne as obras precedentes de Marineo a respeito da Espanha. Começando com o *De hispaniae laudibus*, de aproximadamente quarenta anos antes (1495). Marineo Siculo merece ainda maior atenção por parte dos especialistas da Renascença, mas a mistura do modelo de Lívio (analista) e daquele de Biondo (sistemático) é aceita por todos. O mesmo é verdadeiro no que diz respeito a Wimpfeling, ainda que em menor grau.

III

Esta é apenas a primeira complicação em nossa busca pelas origens. Outro fato bastante óbvio, mas muitas vezes esquecido, é que no Império Romano tardio as histórias nacionais estavam bastante na moda — apenas resumos para Roma, mas narrativas complexas quando a temática era aplicada às novas nações emergentes. Nossos historiadores humanísticos conheciam bem seus Jordanes, Gregório de Tours, Isidoro de Sevilha e Beda. Além disso usavam cronistas medievais, que por sua vez empregaram os modelos da Antiguidade tardia. A influência de Jordanes, Gregório de Tours e Beda era tanto direta quanto indireta. Polidoro Virgílio, para darmos apenas o exemplo mais trivial, admira e segue ao mesmo tempo Beda ("além de quem nunca tinha visto um historiador mais perfeito, sincero e verdadeiro") e Guilherme de Malmesbury, o qual, por sua vez, fez uma exceção a Beda em seu desprezo pelos predecessores. Um caso particularmente significativo é o de Enea Silvio Piccolomini. Em sua *Historia bohemica*, ele utiliza crônicas nativas em latim. Como nunca tive a oportunidade de lê-las, não posso dizer se foram influenciadas por modelos da Antiguidade tardia. Mas é frequentemente esquecido que Enea Silvio, além de ser um grande estudioso de Biondo, emprestou uma cópia de Jordanes de uma biblioteca suíça e fez um resumo dela.

Os próprios escritores da Antiguidade tardia trabalharam, naturalmente, de acordo com uma tradição. Basta dar uma olhada no resumo que Jordanes fez do relato de Cassiodoro sobre os godos para perceber que este utilizou uma fileira de autores antigos. A partir de *Institutiones*, de Cassiodoro, ficamos sabendo a respeito da importância das *Antiguidades judaicas*, de Josefo, para esse autor. Josefo é para Cassiodoro *"paene secundus Livius"* ["quase um segundo Lívio"] (I, 17, 15). Naqueles dias de Vivarium, muito tempo depois da composição da história sobre os godos, Cassiodoro iniciou e supervisionou a tradução de todas as *Antiguidades judaicas*. Daí a importância das observações de Jordanes (Getica 4, 29) em que lamenta que Josefo, "*annalium relator verissimus*" ["confiável relator de crônicas"], não registrou as origens dos godos.

Como a estrutura das *Antiguidades judaicas* deve muito às *Antiguidades romanas*, de Dionísio de Halicarnasso, e como Dionísio, por sua vez, deve muito aos analistas romanos, em certo sentido damos uma volta completa e retornamos ao mundo dos analistas romanos ao qual pertence Tito Lívio. Mas apenas em certo sentido. Josefo nos faz lembrar que havia uma outra tradição que participou da criação de uma história nacional medieval: a tradição que podemos definir como história sagrada, porque inclui a Bíblia, Josefo, a história eclesiástica de Eusébio, a cronografia cristã e a vida dos santos. Nem Cassiodoro, que era romano, nem seu epitomista Jordanes, que era provavelmente godo, se sentiram tentados a tratar os godos de um ponto de vista religioso, como uma nação escolhida: ambos eram católicos, enquanto a maioria dos godos era herege. Mas é um fato reconhecido por todos que, de modos diferentes, Gregório de Tours, Isidoro e Beda introduzem um elemento de história eclesiástica em seus relatos. Gregório é o mais inclinado a citar a Bíblia. Afirma-se repetidas vezes que Beda jamais citava a Bíblia na sua história. Mas, ainda assim, seu relato dos acontecimentos entre 410 e 597 está fundamentado na *Vita germani*, de Constâncio – uma vida de santo –, e na *De excidio et conquestu britanniae* [A queda e a conquista britânicas], de Gildas, que é literalmente inspirada em Jeremias. Também foi observado que Isidoro apresenta os reis visigodos da Espanha como ungidos pelo Senhor, como vigários de Deus.

IV

Ainda que muito tenha sido escrito a respeito da visão cristã da história dos historiadores da Antiguidade tardia, minha impressão é que no momento atual não sabemos o suficiente sobre os vários ingredientes que eles combinaram em suas obras. Mas um fato emerge forçosamente daquilo que realmente sabemos. Vemos os historiadores da Antiguidade tardia voltando-se para os historiadores de Roma, para os historiadores da Igreja e para os historiadores das nações orientais – especialmente os judeus – com o intuito de construir suas histórias nacionais. Não os vemos voltando-se aos historiadores da Grécia. Como fica evidente por esta minha formulação, entendo por historiadores da Grécia precisamente os historiadores da Grécia, e não aqueles que escreveram em grego a respeito de outras nações. Esse fato sugere dois problemas: (1) Por que os gregos foram deixados de fora dessa operação intelectual, a criação de uma história nacional? (2) Se é verdade que os gregos foram virtualmente deixados de fora das histórias nacionais da Antiguidade tardia, será isso também verdade quando se fala das histórias nacionais da Renascença?

Começo pela segunda pergunta, relativa à Renascença. Não sei o suficiente para respondê-la. Entretanto, quero fazer uma ou duas observações específicas que podem ajudar a focalizar uma futura discussão. Seria tolice tomar Políbio por um historiador do mundo grego que, por meio de Leonardo Bruni e da historiografia florentina subsequente, teria contribuído para a formação da moderna história nacional. Bruni tratava Políbio como um historiador de Roma e dele derivava a história da Primeira Guerra Púnica. Por outro lado, não podemos descartar *a priori* a influência da *Hellenica*, de Xenofonte, na noção que tinha Bruni de uma história nacional: Bruni produziu o seu *Comentaria rerum Graecarum* [Comentário sobre a Grécia], uma paráfrase de Xenofonte, nos anos em que estava terminando a sua *Historia florentini populi* [História do povo de Florença]. Para o nosso propósito é irrelevante discutir se na Renascença os especialistas faziam uma distinção entre a história de uma cidade e a história de uma nação. Os florentinos eram tanto uma cidade quanto uma nação. Bruni, para dizer o mínimo, bem poderia ter se remetido aos gregos.

A complexidade dessas coisas pode ser indicada pelos dois episódios que se seguem, ambos relacionados àquele homem extraordinário chamado Damião de Góes. Este, em seus dias de Louvain, escreveu um panfleto para demonstrar a riqueza da Espanha contra as acusações do grande geógrafo Sebastian Münster. Foi publicado em 1541 com o título *Hispania*. Petrus Nannius, o professor de humanidades em Louvain, elogiou o panfleto com a observação de que ele imitava Tucídides ao dar a ideia da riqueza material de uma nação – algo que os historiadores latinos tinham frequentemente negligenciado: *"qua in re utinam aliquot Latini scriptores diligentiores essent, eaque in parte Thucydidem imitarentur"* ["quisera o tema fosse tratado em um número de escritores latinos mais diligentes, para os pôr ao lado da imitação de Tucídides"]. Esse é um dos elogios mais interessantes já feitos no século XVI a Tucídides como historiador político. Pressupõe o seu *status* como historiador de uma nação.

Esse *status* é confirmado por outra anedota que envolve Damião de Góes. Ele também escreveu sobre os etíopes, e Arias Montano comemorou esse feito em um epigrama:

Arnaldo Momigliano

> *Gentis Thucydides enarrat gesta Pelasgae*
> *Romana claret Livius historia*
> *Hic alia ut taceam sera data scripta senecta*
> *Aethiopum accepit nomen ab historia*[2]

Em outras palavras, a contribuição dos autores gregos da história grega ao desenvolvimento da história humanista das nações parece-me uma questão em aberto.

Está em aberto porque os estudiosos renascentistas não mais percebiam aquilo que era óbvio para os leitores antigos, isto é, que nem Tucídides nem Xenofonte nem os outros autores das *Helênicas* eram historiadores da Grécia. Eles eram – e assim eram considerados – historiadores de história contemporânea, ou quase contemporânea, que trataram de acontecimentos de mais de um estado grego sem jamais abranger o conjunto da nação grega. Tucídides e Xenofonte foram, com efeito, historiadores de um breve período de história e estavam principalmente interessados na descrição e explicação das mudanças no equilíbrio de poder entre os estados gregos hegemônicos. Existiram, naturalmente, na literatura grega, narrativas contínuas dos acontecimentos políticos ocorridos em estados gregos individuais desde as origens. Especialmente nos séculos IV a.C. e III a.C., estudiosos produziram histórias locais desde as origens de Atenas, Esparta, Beócia, Tessália e Sicília. Mas eles nunca tiveram o prestígio de historiadores verdadeiros, nunca competiram com Tucídides, Xenofonte e Teopompo.

---

2 Tucídides nos conta a história dos gregos/ Lívio é famoso por sua história romana// De Góes recebeu seu nome por sua história dos etíopes/ Para calar os outros escritos de sua velhice.

Foram tratados como colecionadores de curiosidades locais e, de fato, tendiam ao antiquariato. Talvez um desses historiadores locais, Filisto, o historiador do século IV a.C. da Sicília, tenha alcançado um nível logo abaixo daquele dos grandes historiadores; mas o maior elogio que recebeu foi a alcunha de "o pequeno Tucídides". A história local permaneceu uma atividade intelectual inferior.

Há, entretanto, um historiador que tentou escrever a história da nação grega desde as origens: Éforo, um colega de Teopompo na escola de Isócrates. Mas a nação grega nunca chegou a ser uma entidade política, nem mesmo no século IV a.C., na época de Filipe da Macedônia, quando Éforo compôs sua obra. Consequentemente, Éforo modelou sua história de modo a incluir algumas partes extensas a respeito de eventos não gregos e por isso foi considerado por Políbio – um bom juiz – um historiador de história universal, e não um historiador da Grécia (V, 33, 2).

Os historiadores gregos praticavam uma história puramente nacional apenas enquanto escrevessem a respeito das nações bárbaras ou encorajassem os bárbaros a escrever a respeito deles mesmos – tanto em grego quanto em suas línguas nativas. Se quisermos seguir em detalhe a formação do estudo da história nacional no mundo greco-romano, teríamos de examinar o conjunto de todos os fragmentos que sobraram do que foi a enorme literatura etnográfica grega. Mas é evidente que os gregos produziram os resultados mais espetaculares sobre o tema da história nacional quando persuadiram, de um lado, os romanos e, de outro, os judeus e cristãos a escreverem suas histórias de acordo com modelos ao menos parcialmente gregos. Os cristãos formavam uma nação peculiar, mas sem dúvida uma nação. Assim, não foi por acidente que a história nacional da Antiguidade tardia tomou como exemplo a historiografia romana e judaico-cristã. A primeira se sustentava no prestígio político de Roma, enquanto a última correspondia à situação religiosa da época. É preciso acrescentar que ambas eram resultado do encontro do pensamento histórico grego com fortes tradições nacionais.

A força da tradição bíblica não demanda ilustração aqui. Dedicarei, portanto, a segunda parte destas observações ao esclarecimento da situação em que os romanos criaram sua própria história nacional e consequentemente contribuíram para a formação da história nacional moderna e medieval. As circunstâncias são mais curiosas e complexas do que usualmente se admite. A figura central é Fábio Pictor, o primeiro historiador romano.

V

Se eu e você lemos e ocasionalmente escrevemos história, devemos esse hábito a um romano que decidiu escrever história do modo grego entre 215 a.C. e 200 a.C. Sua tentativa de produzir história romana usando linhas gregas era parte de uma sublevação que denominamos Segunda Guerra Púnica.

Quinto Fábio Pictor pertencia a um ramo destacado de uma grande família, a *gens* Fábia, que devia o sobrenome Pictor a um ancestral que havia pintado o templo da deusa Salus em aproximadamente 300 a.C. Os costumes tribais romanos não encorajavam os patrícios a tornarem-se pintores, mesmo que restringissem suas pinturas a temas religiosos. Em sua juventude, nosso Fábio fez tudo que se requeria de um jovem aristocrata romano. Lutou contra os gauleses em 225 a.C. (Eutrópio III, 5; Orósio IV, 13, 6; Plínio, *HN*, X, 71) e provavelmente teria continuado a lutar contra Aníbal se não fosse tão velho para fazê-lo. Sua embaixada a Delfos, depois de Canes, em 216 a.C., marca uma nova direção em sua atividade. Ele foi enviado ali para consultar um oráculo grego em uma época de grande ansiedade para Roma (Lívio XXII, 57, 5; XXIII, 11, 1-6). Deve também ter recebido – com toda a probabilidade – a tarefa de sondar a opinião pública grega a respeito da aliança entre Filipe V da Macedônia e Aníbal. Evidentemente ele devia ser conhecido por sua religiosidade tolerante, por seu interesse pela civilização grega, conhecimento do grego, e por suas qualidades diplomáticas. Sabemos que ele era um senador, mas não temos evidências diretas de que pertencesse a qualquer colégio sacerdotal. Estudiosos modernos até atribuíram a ele a falsificação de oráculos sibilinos, mas, assim fazendo, eles foram além de qualquer conjectura razoável. O prestígio da família de Fábio Pictor, que mais tarde reivindicou descendência de Héracles, teria sido suficiente para que ele tivesse acesso a qualquer cargo sacerdotal. Depois de seu retorno solene de Delfos, sobre o qual Lívio oferece uma descrição característica, nada mais é falado a seu respeito. Ele foi o primeiro romano a fazer um relato coerente da história de sua própria cidade ao publicar sua obra na língua grega mais ou menos em fins do século III a.C., durante ou logo ao final da Segunda Guerra Púnica.

Falamos da helenização da cultura romana no século III a.C. É claro que tal processo existiu. Mas não sem alguns episódios muito estranhos. Por duas vezes, em 228 a.C. e em 216 a.C., os romanos consultaram os Livros Sibilinos e lhes foi dito para enterrarem vivos um casal de gregos e um casal de gauleses. Nenhuma explicação razoável foi ainda oferecida para esse duplo sacrifício. Em 228 a.C., os romanos podem ter pressentido o perigo celta, mas não tinham qualquer briga com os gregos. Em 216 a.C., Aníbal estava às portas de Roma, mas nem gregos nem gauleses representavam qualquer ameaça. Os romanos nunca mataram cartagineses por motivos religiosos. É, entretanto, impossível descartar o pensamento de que o sacrifício de dois gregos e dois gauleses tivesse alguma relação com acontecimentos passados da história romana. Os celtas haviam assombrado os romanos por um longo período, e os gregos eram inimigos dos troianos e, consequentemente, dos romanos. Com esses sacrifícios, os romanos talvez estivessem tentando aplacar forças hostis do passado.

Ao mesmo tempo tentavam invocar forças favoráveis do passado. Em 217 a.C., o ditador Fábio Máximo havia prometido consagrar um templo a Vênus Ericina. Éryx era um santuário da Sicília relacionado à lenda de Eneias, e Vênus era a mãe dele. Está bem clara aqui uma alusão ao passado troiano de Roma. Em 207 a.C., a atenção voltou-se para Juno Regina, a deusa que os romanos com sucesso haviam transferido de Veio para Roma em sua luta mortal contra a cidade vizinha. Por fim, percebemos que a introdução do culto de Magna Mater da Ásia em 204 a.C. foi relacionada pelas fontes antigas – como Virgílio (*Aen.* I, 68; IX, 80) e Ovídio (*Fasti* IV, 251) – às origens troianas de Roma. Não temos evidência direta de que os romanos estivessem atentos a esse tipo de ralação em 204 a.C., mas essa ligação foi, sem dúvida, a responsável pela introdução do culto em Roma.

Podemos pensar que os romanos fossem ligeiramente incoerentes se, no mesmo ano de 216 a.C., em que mataram um par de gregos, eles haviam mandado Quinto Fábio a Delfos para conseguir a ajuda de um oráculo grego. É bem verdade que Apolo havia sido um deus pró-troianos, mas isso havia sido muito tempo antes. Delfos era o centro religioso da Grécia. No ano seguinte, Apolo foi homenageado em Roma por meio de jogos de tipo grego *(ludi Apollinares)*. Mais tarde, em 207 a.C., as cerimônias em homenagem a Juno – uma deusa antitroiana – culminaram com um hino cantado à moda grega por 27 meninas. O compositor do hino era Lívio Andrônico, o grande e velho homem por trás da helenização da poesia romana.

Talvez haja também um elemento grego na introdução do culto de Mens em 217 a.C. Wissowa interpretou esse fato como um tributo à ideia grega de *sophrosyne*.[3] A explicação não é segura. "Mens" – constância da mente – teve um papel no pensamento romano arcaico. Mas não vejo como separar a introdução do culto de Mens em 217 a.C. do apelo à sabedoria apolínea de Delfos em 216 a.C.

No nível das emoções confusas, das cerimônias cruéis e supersticiosas e do desejo vago por algo novo e pleno de sabedoria, os romanos sondavam seu passado troiano e suas ligações gregas. O próprio Fábio não recusava a escrupulosa observância de ritos religiosos. Lendo Lívio, que pode ter se informado em uma nota autobiográfica nos anais de Fábio, ficamos sabendo que Fábio usou uma coroa de louros durante toda a viagem de volta de Delfos a Roma: tais haviam sido as recomendações das autoridades do templo. Ainda assim, Fábio não permaneceu no nível de seus contemporâneos. Em vez de simplesmente reagir ao passado em termos de cerimônias re-

---

3 Conceito grego de ideal de caráter e presença de espírito. (N. E.)

ligiosas, ele tentou explorá-lo. Em vez de simplesmente consultar o deus de Delfos, ele construiu um quadro da religião romana em sua evolução. Transformou o temor supersticioso do passado em uma busca do conhecimento. Ao direcionar as emoções contemporâneas ao canal da pesquisa histórica, tornou-se o primeiro historiador romano. Fábio transformou o que teria sido mais um episódio da credulidade humana em uma realização intelectual.

Fábio Pictor não estava sozinho nesse esforço em juntar as várias partes da história romana. Mas há certa dificuldade em definir a contribuição dos outros parceiros. As fontes antigas são unânimes em reconhecer que Fábio foi o primeiro dos historiadores romanos, e não há razão para não aceitar tal opinião. Quanto ao senador Cintius Alimentus, um pretor de 211 a.C. e um prisioneiro de guerra de Aníbal, é preciso assumir que ele era mais jovem do que Fábio e que o imitava em sua história de Roma escrita em grego. O verdadeiro quebra-cabeça é Cn. Névio. Ele era mais velho que Fábio, lutou na Primeira Guerra Púnica, e mais tarde escreveu um poema histórico a respeito do evento. Há entre ele e Fábio inegáveis similaridades. Ambos escreveram sobre as origens de Roma e sobre os acontecimentos contemporâneos e deram pouco espaço ao período intermediário. Por outro lado, nos fragmentos que permaneceram não há qualquer sinal da dependência de Névio em relação a Fábio ou vice-versa. Sabe-se que Névio fez Rômulo neto de Eneias, enquanto Fábio o fez neto de Numitor. Tudo o que podemos dizer atualmente é que Fábio e Névio compartilharam o esforço em dar a Roma um relato de seu passado. Névio, entretanto, por ter optado por escrever um poema, e não uma história, não submeteu o passado romano ao processo de explanação racional em prol da verdade, o que é uma característica da historiografia grega. Tanto Névio quanto Fábio tentaram dar aos romanos uma imagem de seu próprio passado, mas Fábio foi o único a construir uma imagem de acordo com os princípios do método historiográfico grego.

VI

É significativo que Fábio tenha escrito em grego e que o poeta contemporâneo Névio o tenha feito em latim. Lívio Andrônico havia demonstrado que era possível transformar o latim em uma linguagem para poesia do tipo grego, e Névio o seguiu. Teria sido fácil para Fábio aceitar seu exemplo e criar um estilo histórico latino. Em outros campos que não a história, a prosa literária latina já existia havia pelo menos um século. Um discurso de Ápio Cláudio tinha sido escrito em 280 a.C. e continuou em circulação por um longo período. O discurso fúnebre de Q. Cecílio Metelo em homenagem a seu pai em 220 a.C. é outra peça famosa. Textos jurídicos eram também comuns, para não falar da Crônica dos Pontífices à qual logo voltaremos. Um estilo latino de história de tipo grego era de fácil acesso. Mesmo assim, Fábio preferiu escrever em uma língua estrangeira.

Eu afirmo como fato que Fábio escreveu em grego porque Cícero (*De div.* I, 43) e Dionísio de Halicarnasso (I, 6, 2) assim o dizem categoricamente. Mas, antes de continuar, é preciso acrescentar que em outras passagens Cícero (*De leg.* I, 6) se refere aos anais latinos de Fábio e há algumas poucas citações de Fábio (p. ex., Aulo Gélio V, 4, 3) que podem apenas ter vindo de um texto latino. Nenhuma de nossas fontes sugere que Fábio tivesse escrito tanto em latim quanto em grego; mas nenhuma sugere explicitamente que o Fábio da história latina era um outro homem. Não conheço nenhuma explicação satisfatória da evidência tal como ela se apresenta. Friedrich Leo brincou com a ideia de que Fábio, tendo publicado sua história em grego, deixou para trás um rascunho em latim que teria sido publicado depois de sua morte. Outros acreditam com maior plausibilidade que a obra em grego foi, mais tarde, traduzida para o latim: temos outros casos de tais traduções. O que não se pode duvidar é que Fábio tivesse tido a intenção de publicar sua história em grego e que assim o tenha feito. Não podemos dizer por que o fez – não dispomos de provas para tal –, mas podemos ao menos esclarecer as implicações de sua escolha. Nossa discussão há de focalizar três pontos: (1) Que tipos de crônicas existiam em Roma antes de Fábio? (2) Na companhia de quem se encontrava Fábio ao escrever em grego? (3) Como via Fábio sua obra de historiador romano?

VII

A tradição reconhece dois tipos de composição histórica existentes em Roma antes de Fábio, e trataremos de cada uma delas. Uma era representada pelos cantos de banquetes, e a outra, pelas Crônicas de Pontífices.

Catão menciona os cantos de banquete em homenagem a grandes homens como um costume obsoleto – algo que se fazia muitas gerações antes dele (Cic., *Brut.* 19, 75). Varrão também conhecia os cantos de banquete, e ao que tudo indica Catão não era sua fonte (Nonnius Marcellus p.107 L). Varrão descreve detalhes diferentes, os quais devemos encarar como confirmação independente. Cícero leu a respeito desses cantos em *Origenes*, de Catão, e lamentou seu desaparecimento (*Tusc. Disp.* IV, 2, 3).

Como bem se sabe, Jacobus Perizonius foi o primeiro a ver nos cantos de banquete uma fonte potencial para os analistas romanos. Sem conhecer seu predecessor do século XVII, Niebuhr fez dos cantos de banquete, anos mais tarde, a pedra angular de sua interpretação da mais antiga história romana. De acordo com essa interpretação, as lendas dos romanos a respeito de suas origens eram produto dos poetas populares: os analistas, começando com Fábio Pictor, teriam feito derivar destes as suas narrativas. Destas derivaram, como consequência, os *Lays* [Cantos populares] de Macaulay. A teoria de Niebuhr foi logo rejeitada e desacreditada por Mommsen, e há mesmo estudiosos que duvidam da existência dos próprios cantos de banquete. Mas De Sanctis deu nova vida à teoria de Niebuhr no início do século XX. Esta passou a caracterizar os estudos italianos modernos a respeito da literatura e da história como demonstram as obras de Ciaceri, Pareti e Rostagni. Graças ao *Heroic Poetry*, de Bowra, a teoria da balada encontra-se de volta ao país de Macaulay.

Não vejo qualquer razão mais séria para duvidar que os romanos tivessem seus cantos de banquete. Mas não acredito que estes tenham exercido grande influência na tradição histórica.

A principal objeção que em geral se levanta contra a existência dos cantos de banquete em Roma é que Catão falava deles como se já não existissem. Como poderia ele saber que eles tinham de fato existido? Perguntas desse tipo são sempre perigosas. Como podemos saber como Catão teria sabido? Uma sugestão bastante plausível pode, entretanto, ser feita com relação aos prováveis meios de informação de Catão.

A legislação decenviral incluía uma lei contra os "*mala carmina*", cantos ofensivos. A natureza desses *carmina* é uma questão de grande disputa entre os estudiosos modernos e já era uma fonte de dúvidas para os antigos. Mas, se você tiver de decidir quais *carmina* são ofensivos, deve antes saber quais deles são admissíveis. Sugiro que os juristas romanos discutiram os vários tipos de *carmina* e que portanto transmitiram o conhecimento da existência dos *carmina* de banquete. O primeiro comentador eminente das Doze Tábuas, Sexto Hélio Catão, escreveu em torno de 200 a.C. Ele bem pode ter sido a fonte de informação de Catão. As analogias medievais levam-nos um pouco mais adiante. Os cantos de banquete para homenagear um herói podem facilmente ter se tornado canções para castigar os inimigos. A legislação islandesa proibia quase todo tipo de poema sobre indivíduos, de sorte a prevenir a composição de poemas satíricos. Não me surpreenderia se em Roma tivesse existido uma ligação estreita entre o declínio dos cantos de banquete e a ascensão da legislação decenviral sobre os *mala carmina*.

Basta sobre a existência dos cantos de banquete e sobre uma razão possível para seu declínio. Entretanto, Fábio Pictor antecedeu Catão em apenas uma geração. O que foi perdido muitas gerações antes de Catão deve ser também considerado perdido para Fábio. Há claramente uma boa razão para duvidar, *a priori*, que os *carmina* fossem acessíveis a Fábio, mesmo que acreditássemos que um membro da *gens* Fábia aceitasse como oficiais os *carmina* que homenageassem membros de outras famílias. Esse argumento *a priori* pode ser confirmado por uma prova direta.

O pressuposto da teoria dos cantos de banquete é que poetas desconhecidos canonizaram as lendas romanas antes que os analistas interviessem: assim, os analistas receberam os relatos canônicos dos poetas. Ora, em um caso que envolve Fábio, podemos provar que o relato canônico é posterior à ascensão da historiografia romana. No último século da República, circulou uma tradição bem definida sobre Coriolano. Dionísio, que conta a história com detalhes, apresenta a informação de que Rômulo, Remo e Coriolano foram celebrados em hinos (I, 79, 10; 8, 62). Ele não explica se os hinos eram antigos, nem se eram cantos de banquete. Não podemos usar seu texto como prova da redescoberta de antigos cantos de banquete na época de Augusto. Mas é preciso admitir que não havia discrepância entre o conteúdo desses hinos e as lendas comuns a respeito de Coriolano: a discordância teria sido notada. Com efeito, Lívio percebeu que Fábio tinha uma versão própria sobre a história de Coriolano (II, 40, 10). Enquanto na história tradicional os volscos mataram Coriolano porque este teria se recusado a guiá-los contra os romanos, na versão de Fábio, Coriolano morria ancião no exílio. De acordo com Fábio, Coriolano havia assinalado certa vez que o exílio era mais doloroso para os anciãos. Fica, portanto, claro que a versão mais comum não era ainda canônica antes de Fábio. Se havia hinos sobre Coriolano, eles deviam ser posteriores à época de Fábio ou então estes não o influenciaram. As lendas sobre as origens de Roma estavam ainda em formação na época de Fábio e tornaram-se estereotipadas apenas no século II a.C. ou mesmo no I a.C. A teoria dos cantos de banquete explica bem poucos fatos que nos são conhecidos a respeito das tradições antigas romanas. Não há, certamente, razão para se acreditar que Fábio tenha se valido desses cantos.

Os Anais dos Pontífices eram uma realidade bem mais sólida à época de Fábio. Para começar, eles existiam. Em segundo lugar, independentemente de seu conteúdo, eles eram anuais. Seu material era necessariamente organizado por anos, que eram nomeados a partir do cônsul de cada ano. Ao adotar o formato de anais e as datas consulares, Fábio, evidentemente, tinha diante de si o exemplo dos pontífices. Ainda que fizesse o possível para ajudar seus leitores gregos ao traduzir algumas datas básicas – por exemplo, da fundação de Roma – em Olimpíadas, seu sistema geral de cronologia era romano, e não grego. O problema principal é, no entanto, se os Anais podiam oferecer a ele mais do que o nome dos cônsules.

Como é sabido, os pontífices registraram o que importava para eles em um painel branco, a *tabula dealbata*, que era trocado todos os anos e que tinha o formato de um calendário. Qualquer um era livre para conferi-lo. Ao final de cada ano, o conteúdo da *tabula* correspondente era transferido para um rolo ou para um códice e automaticamente tornava-se parte de uma crônica, a qual presumivelmente preservava o formato de calendário. Por fim, essa crônica foi ordenada e, ao que parece, publicada em oito volumes ao final do século II a.C.

Catão, o Censor, pensava que um historiador não encontraria informações úteis nos Anais dos Pontífices (Aulo Gélio, II, 28, 6). De acordo com ele, esses anais registravam apenas as fomes, os eclipses e outros portentos. Catão era um personagem difícil que gostava de dizer coisas inauditas. Mas era muito preciso em suas acusações, e seu testemunho não pode ser descartado sem mais nem menos. Ele afirma que os Anais não oferecem qualquer informação direta a respeito de acontecimentos militares ou políticos. Cícero e Sérvio contradizem-no ao afirmar de forma mais ou menos definitiva que os pontífices registravam acontecimentos militares e políticos. Cícero diz que *"pontifex maximus res omnis singulorum annorum mandabat litteris"* ["os mais altos pontífices se comprometem a registrar todos os eventos singulares"] (*De or.* II, 52), e o contexto indica que ele queria dizer justamente acontecimentos militares e políticos. Sérvio é até mais específico: o registro incluía *"domi militiaeque terra marique gesta per singulos dies"* ["a área militar, em solo ou no mar, administrado a cada dia"] (Serv. Dan ad Verg. *Aen.* I, 373).

A contradição entre Catão e Cícero não implica necessariamente que um deles esteja errado. Talvez ambos estejam certos, se se referirem a estágios diferentes do desenvolvimento dos Anais. Catão escreveu antes da edição final e da publicação dos anais em mais ou menos 120 a.C.; Cícero e a fonte de Sérvio (talvez Vérrio Flaco) escreveram depois de sua publicação. Podemos facilmente aceitar que essa circunstância tenha sido a responsável pela contradição entre esses dois e Catão. É óbvio que a publicação teria demandado certo trabalho de edição. Anotações feitas às pressas, em séculos diferentes, talvez não pudessem ser publicadas sem uma revisão. A própria evolução da língua latina tornava a revisão imperativa. Se considerarmos agora a discrepância entre Catão e Cícero-Sérvio a respeito da natureza do registro pontifical, poderemos suspeitar que a intervenção editorial fosse drástica e de longo alcance. Será que os editores levaram em consideração as queixas de Catão e se portaram de acordo com elas? Os acontecimentos militares e políticos eram justamente o que faltava, de acordo com Catão;

e o que Cícero e a fonte de Sérvio encontraram nos registros dos pontífices.

Até agora, naturalmente, apenas formulamos uma hipótese. Mas há alguns fatos concretos que comprovam que, a certa altura (não necessariamente no momento da publicação, em 120 a.C.), os Anais dos Pontífices foram manipulados, expandidos e falsificados. Sabemos por Cícero que os Anais dos Pontífices começavam pelas origens da cidade – *ab initio rerum Romanarum*. A menos que estejamos dispostos a atribuir a Rômulo uma previsão excepcional, é evidente que a parte inicial dos Anais foi uma adição posterior. Então lemos na assim chamada *Origo gentis Romanae* que os primeiros quatro livros dos Anais dos Pontífices diziam respeito aos acontecimentos anteriores a Rômulo (17, 3; 5). A *Origo* tem uma péssima reputação no que concerne à credibilidade, mas essa peça merece confiança. Basicamente, ela concorda com a fórmula de Cícero *ab initio rerum Romanarum*, que pode incluir a fase albana[4] da história (ou pré-história) romana. Coincide também com o enorme número – oitenta – de livros da obra completa. Dada a credibilidade da *Origo gentis Romanae* sobre esse ponto, é necessário assumir que a uma certa altura algum editor ampliou os Anais de sorte a incluir a fase lendária de Alba Longa. Finalmente, temos alguma evidência direta de que a parte autêntica dos Anais não deve ter começado muito antes de 350 *ab urbe condita* [depois da fundação da cidade]. Sabemos por Cícero (*De rep.* I, 16, 25) que naquele ano os *Annales maximi* fizeram o primeiro registro

---

4 Referente à cidade lendária de Alba Longa, que teria sido fundada por Ascânio, filho de Eneias, às margens do rio Alba, o qual mais tarde se chamaria rio Tibre. (N. E.)

de um eclipse. Não discutirei as questões cronológicas aqui envolvidas. Será suficiente dizer que sua data é plausível, já que nos leva a mais ou menos 400 a.C., não muito tempo antes da destruição de Roma pelos gauleses. Os pontífices provavelmente perderam seus arquivos naquela ocasião, mas poderiam facilmente ter reconstruído as *tabulae* perdidas, combinando os acontecimentos dos poucos anos anteriores ao desastre. Houve um eclipse total em 400 a.C. que não havia sido, sem dúvida, esquecido em 390 a.C.

Para resumir a discussão: é evidente que os Anais dos Pontífices foram manipulados. Sua parte mais confiável dificilmente teria incluído muito material que fizesse referência aos eventos anteriores a 400 a.C. Não sabemos quando as interpolações foram feitas. Mas a discordância entre Catão e Cícero a respeito do conteúdo dos Anais leva à suspeita de que as interpolações mais sérias foram criadas em aproximadamente 120 a.C. Se essa hipótese estiver correta, precisamos assumir que os editores dos *Annales maximi* se serviram dos vários livros de história produzidos no final do século III a.C. e durante o século II a.C. (Fábio Pictor, Cintius Alimentus, Catão, Cássio Hemina, etc.), de sorte a ampliar a perspectiva de seu trabalho e preencher as lacunas das antigas *tabulae*. Não há nada impossível na fantástica conjectura segundo a qual os pontífices, depois de terem contribuído para a ascensão da historiografia romana, teriam rapinado a obra dos historiadores romanos para melhorar seus próprios Anais antes da publicação.

De acordo com essa hipótese, os Anais, ou melhor, os registros acessíveis a Fábio, eram muito mais pobres em conteúdo do que aqueles que estiveram acessíveis a Cícero. Os de Fábio forneciam apenas o quadro cronológico essencial. Deviam mencionar as derrotas, as vitórias, as guerras e os tratados de paz toda vez que esses eventos determinavam cerimônias religiosas ou estavam relacionados a portentos. Mas não registravam com regularidade os acontecimentos políticos e militares. Fábio não deve ter conseguido reconstituir um relato coerente da história romana de antes da Primeira Guerra Púnica a partir do conteúdo desses Anais. Não teria encontrado neles tampouco o registro das ações heroicas individuais tão essenciais à tradição antiga romana. Qualquer opinião que tenhamos dos registros pontificiais disponíveis a Fábio, devemos ao menos admitir que é pouco provável que Múcio Scevola, Coriolano, Manlio Capitolino e outros heróis tivessem sido ali incluídos.

VIII

Parece evidente que Fábio decidira escrever em grego porque a tradição histórica romana lhe passava uma impressão pouco satisfatória. Os cantos de banquete, com toda a probabilidade, não existiam mais: ele podia apenas ter uma vaga ideia a respeito de seu conteúdo. Os registros dos pontífices certamente existiam e eram valiosos para ele. Mas aparentavam ser de escopo restrito, de caráter descontínuo, de estilo repelente quando comparados às obras dos historiadores gregos. Ler os livros históricos gregos era descobrir não apenas que os gregos praticavam um tipo diferente de historiografia, mas que tinham já ensinado outras nações a escrever história em grego e de um modo grego e, além disso, que tinham algo específico a dizer a respeito da própria Roma.

No século terceiro, quando o grego era a língua oficial da civilização, da Judeia até a Espanha, todos tentavam escrever história em grego. Mais do que nunca os gregos escreviam a respeito de outras nações, e as outras nações, por sua vez, se sentiam estimuladas a escrever a respeito de sua história em grego e de acordo com os padrões gregos. Como já mencionei, sob o impacto da helenização, os nativos de muitos países foram persuadidos a repensar suas histórias nacionais e apresentá-las na língua grega aos leitores educados de uma sociedade multinacional. Fábio tinha uma ampla, e não muito seleta, companhia enquanto escrevia seus anais gregos.

Maneto escreveu a história egípcia, e Berosso, a babilônica, ambas redigidas em grego na primeira metade do século III a.C. O internacionalismo não excluía o nacionalismo. Maneto queria demonstrar a incompetência de Heródoto. O desenvolvimento continuou na segunda metade do século e envolveu outras nações. Os judeus produziram uma tradução grega da Bíblia. Então, um certo Demétrio que viveu no tempo de Ptolomeu IV, no final do século, resumiu a história bíblica e tentou precisar melhor sua cronologia. Flávio Josefo acreditava que Demétrio era um pagão e talvez até o tenha confundido com Demétrio de Falera (*c. Apion.* I, 218). A documentação interna e o testemunho de Eusébio (*Praep. Ev.* IX, 21) não deixa qualquer dúvida de que ele era judeu. Há uma boa razão para acreditar que Menandro de Éfeso fosse contemporâneo de Demétrio. Como ele, Menandro foi treinado nos métodos da erudição alexandrina. Menandro escreveu história fenícia (Josefo, *c. Apion.* I, 116). Ninguém nos diz que sua origem era fenícia, mas ele se valeu de crônicas nativas e, aparentemente, pretendia traduzir essas crônicas para o grego. Talvez Menandro não fosse mais grego do que era Zenão, o Estoico.

Demétrio certamente foi, e Menandro talvez tenha sido, contemporâneo de Fábio Pictor. Em comparação com eles, Fábio era excepcional apenas no sentido de que escreveu a história de um Estado cujos governantes não eram gregos. Mas, se soubéssemos mais, provavelmente reconheceríamos que ainda nesse sentido limitado ele não era na verdade uma exceção. As histórias etruscas existiam e eram usadas pelos historiadores gregos e romanos. É ao menos concebível que algumas delas tenham sido escritas em grego.

Não estaremos distantes da verdade se dissermos que Fábio escreveu história em grego porque todos assim o faziam. Mas há algo mais a ser dito. O grego não era apenas a língua da historiografia: tinha se tornado, já antes de Fábio, o idioma em que podiam ser obtidas informações específicas sobre Roma. Podemos deixar de lado, de acordo com nossos propósitos imediatos, a informação a respeito de alguns acontecimentos da história romana com repercussão internacional, como a ocupação de Roma pelos gauleses, que se encontra nas obras de Teopompo, Heráclides Pôntico, Aristóteles e Teofrasto. Mas, no século III a.C., um historiador grego tornou-se a fonte de informação para qualquer um que estivesse interessado no Ocidente e particularmente em Roma.

Com um trabalho paciente, que durou cinquenta anos, Timeu de Tauromênio tentou satisfazer a curiosidade de seus contemporâneos a respeito do Ocidente. Podemos até dizer que ele muito fez para modelar e direcionar essa curiosidade. Um exilado político da Sicília, ele viveu a maior parte de sua vida em Atenas, de 315 a.C. a 265 a.C., e se dedicou à tarefa única de escrever uma história do Ocidente. Fez da Sicília o centro de sua obra, mas estendeu sua pesquisa ao conjunto da

Itália, Gália, Espanha, Líbia, e abrangeu até mesmo os países setentrionais, para os quais fundamentou-se em Píteas. Se, por um lado, ele oferece uma história política completa da Sicília, por outro, no tocante aos demais países, restringiu-se à geografia e à etnografia. Naturalmente, seguia o exemplo de Heródoto, com adaptações apropriadas.

Timeu era um pedante, tendia a criticar seus predecessores violentamente, tinha preconceitos políticos e criava livros a partir de livros. Em uma palavra, era um de nós. Como muitos de nós, ele também viajava, entrevistava os nativos e citava documentos originais. Falou de Roma, talvez nos primeiros livros de sua obra que foram perdidos, no quadro de sua pesquisa etnográfica.

Ele ainda não tinha terminado a história da Sicília quando um acontecimento de importância confirmou que ele havia acertado ao voltar a atenção para o Ocidente. Os romanos envolveram-se em uma guerra contra Pirro. Em 275 a.C. eles conseguiram provar sua superioridade diante de um exército helenístico e deixaram bem claro que as monarquias helenísticas não tinham possibilidade de se expandirem para o Ocidente. A vitória dos romanos estava destinada a provocar uma sensação no mundo grego. Licofronte, um contemporâneo de Timeu, expressou sua surpresa no poema *Alexandra*, o qual os críticos modernos tentaram em vão atribuir ao século II a.C. Jerônimo de Cardia considerou-o necessário para fazer um resumo da história de Roma no contexto de sua história dos reis helenísticos, a qual incluía Pirro. Mas o próprio Timeu, apesar de já velho, estava suficientemente atento a ponto de incluir em sua obra um apêndice em que tratava das guerras pírricas na Itália. Não lhe bastava uma simples história fatual.

Ele remontou aos estágios iniciais da história política e cultural de Roma. E ainda acompanhou os desenvolvimentos da política romana até a eclosão da Primeira Guerra Púnica. A documentação, tal como ela está disponível, não encoraja a crença de que Timeu tenha feito mais do que um resumo rápido da ascensão de Roma ao *status* de grande potência. Não há quase referências a Timeu nos textos antigos mais reputados sobre história política romana. Mas o simples fato de que ele tenha dedicado todo um livro a uma guerra entre gregos e romanos representava uma verdadeira revolução: tanto mais porque o interesse dele repousava muito mais nos costumes e nas lendas de Roma. A informação de que dispunha era boa. Ele conseguiu registrar alguns dos acontecimentos a partir de relatos de nativos de Lavinium (fr. 59 Jacoby). As escavações comprovaram que a cultura em Lavinium, no século quarto a.C., era latino-helênica, e que aquele era, portanto, um local para contatos entre gregos e latinos. A obra de Timeu tornou-se naturalmente um marco. Licofronte e Calímaco a usaram como uma de suas fontes para o Ocidente. Cinquenta anos depois de Fábio, a obra de Timeu continuava a ser tão admirada que Políbio ficou alarmado. Ele sentia que, para se afirmar diante de seu público romano, precisaria realizar algum esforço com vistas a desacreditar seu predecessor. Mesmo tendo dedicado todo um livro a tal empreendimento, Varrão e Cícero ainda liam Timeu com atenção e prazer aparentes.

Até mesmo os parcos fragmentos que restaram dos anais de Fábio demonstram que ele havia aprendido com Timeu. O interesse por costumes nacionais, cerimônias religiosas, detalhes pitorescos e anedóticos são tão evidentes em Fábio quanto em Timeu. Suas datas são os anos das Olimpíadas, tal como esperaríamos de um admirador de Timeu. O lado cultural dos anais de Fábio é impensável sem os exemplos de Timeu. A longa descrição dos *ludi magni* [grandes jogos], o fragmento sobre a história do alfabeto, as notas a respeito da integridade dos magistrados romanos e da severidade dos *"mores"* [costumes] romanos, tudo isso lembra Timeu. Este legou a Fábio o gosto pela frase feliz, pela anedota com sentido, pelo detalhe antiquário e talvez até pelos elementos autobiográficos.

Mas Timeu não foi o único grego com que Fábio aprendeu sua lição. Como o professor E. J. Bickerman nos ensinou em um artigo memorável (*Class. Philol.* 47, p.65-81, 1952), os gregos eram especialistas nas questões de origens nacionais. Eles formularam os problemas, recolheram a documentação e chegaram a conclusões para cada nação. Criaram um gênero literário especial, a "fundação das cidades". Algo sobre a chegada de Eneias à Itália e a fundação de Roma já havia sido dito por Helânico no final do século V a.C. As origens de Roma continuavam a intrigar os gregos no século IV a.C., antes que começassem a se interessar seriamente pelo desenvolvimento do Estado romano. Agora sabemos, a partir de um catálogo de livros históricos, registrado em uma inscrição de Tauromênio, que Fábio falou a respeito da chegada de Héracles na Itália e refere-se ao fundador de Lanuvium como um companheiro de Eneias (G. Manganaro, *La Parola del Passato* 29, p.394-6, 1974): isso nos faz lembrar de imediato das formas gregas de narrativa. Também temos sorte em saber que Fábio admitia que uma versão bastante correta da lenda nativa de Rômulo e Remo tinha se conservado na obra do historiador grego Diocles de Peparero. Plutarco, em uma passagem famosa de sua *Vida de Rômulo* (III, I), afirma enfaticamente que Fábio seguiu o relato de Diocles. Os estudiosos modernos tentaram enfraquecer sua assertiva, fundamentando-se no fato de que nenhum romano recorreria a um historiador grego para obter um relato confiável sobre as origens de sua própria cidade. Mas esse argumento é facilmente derrubado, e há outros a favor da antecedência de Diocles. Em primeiro lugar, sabemos por outra fonte que Diocles viveu bem antes de 150 a.C. e que lidou com um campo bastante vasto, tendo escrito também sobre a Pérsia. Em segundo lugar, a descoberta de uma inscrição de Quios confirma que os gregos estavam familiarizados com a lenda de Rômulo e Remo não muito mais tarde do que 200 a.C. Até agora, a inscrição conhecida já por vinte anos foi apenas parcialmente publicada (N. M. Kontoleon, *Akte IV Kongr. Epigraphik* 1962, 1964, p.192). Trata-se de uma inscrição em homenagem a um homem que, entre outras coisas, erigiu um monumento com a representação "do nascimento do fundador de Roma, Rômulo, e de seu irmão, Remo". Se a lenda de Rômulo e Remo era corrente em uma localidade remota do mundo grego não muito depois de 200 a.C., não há nada excepcional no fato de que Diocles tivesse escrito a esse respeito vinte ou trinta anos antes, de modo que seu texto pudesse ter sido utilizado por Fábio. Fábio prestou homenagem à maestria dos gregos no que diz respeito às origens, ao aceitar o que eles haviam escrito. Mais tarde, os romanos concordaram com ele. Eles mantiveram sua lenda nacional com roupagem grega, tal como Fábio a havia transmitido, e a achavam tão adequada que pouco pensavam em alterá-la. Discordâncias verdadeiras com a história relatada por Fábio eram apenas aberrações individuais. Para mencionar apenas uma, havia um certo escritor, Egnatius, que arriscou afirmar que Remo havia sobrevivido a

Rômulo. Sua opinião é registrada apenas na não respeitada *Origo gentis Romanae*.

IX

Não se trata de sugerir que Fábio tivesse simplesmente capitulado diante dos historiadores gregos. Ele apenas tentou estabelecer um equilíbrio entre as tradições nativas e os relatos gregos. Que ele bem podia ser independente em seu julgamento fica demonstrado em sua escolha da data para a fundação de Roma, que não é a mesma que aparece em Timeu. Sendo um Fábio, ele naturalmente não negaria as tradições orais e os documentos escritos de sua própria família e das famílias aristocráticas aliadas. O átrio de sua própria casa, com as *imagines maiorum* [imagens dos antepassados] e os respectivos *elogia*, deve ter sido seu principal arquivo. Vários dos poucos fragmentos que restaram mostram que ele usava as tradições de sua própria família. Isso era natural no tocante tanto às guerras dos primeiros momentos da República (antes da Batalha de Cremera, quando sua família foi arruinada) quanto às guerras samnitas. Em suas tradições familiares, os Fábios não corriam perigo de serem limitados. Assim como no século III a.C. eles foram os primeiros a adquirir a língua e a cultura grega, no século IV a.C. eles haviam mandado suas crianças a Caere para aprender o idioma e a literatura etrusca. O grande Fábio Ruliano fora auxiliado em sua invasão da Etrúria por um irmão, "*Caere educatus apud hospites, Etruscis inde litteris eruditus*" ["educado enquanto hóspede em Caere, versado na literatura etrusca"], que conhecia bem o etrusco (Lívio IX, 36, 9). Os *hospites* etruscos podem muito bem ter contado aos Fábios algo sobre os dias em que os reis etruscos governaram Roma — não necessariamente a verdade.

Ainda assim, a prova mais clara da influência dos modelos gregos é que Fábio devotou a maior parte de sua história às origens de Roma e aos eventos contemporâneos. As origens e as guerras com Pirro e com Cartago eram a parte da história romana que mais interessava aos gregos. Fábio deve ter pensado que ele não poderia delongar-se sobre temas que os gregos haviam deixado inexplorados. Com efeito, ele era inteligente demais para idealizar seus próprios ancestrais. Sua versão da famosa disputa entre o ditador L. Papirio e o *magister equitum* Fábio Ruliano no ano de 325 a.C. não era totalmente favorável ao último. Ele afirma, caprichosa e rudemente, que Fábio Ruliano havia queimado o butim para que o ditador não o pudesse utilizar para o engrandecimento de seu triunfo (Lívio, VIII, 30, 3).

Para resumir, Fábio fez dos métodos e resultados dos historiadores gregos os seus próprios e os estendeu a períodos e aspectos da história romana que os gregos não haviam estudado muito. Ao fazê-lo, valeu-se do sistema cronológico e, sem dúvida, dos Anais dos Pontífices e de outras fontes romanas. Não conseguiu, no entanto, recolher muitos outros fatos para os períodos da história romana que não haviam sido tratados anteriormente pelos gregos.

Deve ser notado que, até agora, nem sequer aludi à versão hoje em voga de que Fábio escreveu em grego a fim de fazer propaganda entre os gregos a favor de Roma. Havia, sem dúvida, muitas razões para apresentar o caso romano aos gregos durante a Segunda Guerra Púnica e depois dela. Filino de Agrigento provavelmente já havia publicado sua história da Primeira Guerra Púnica, uma versão que era favorável aos cartagineses. Aníbal tivera o cuidado de manter dois historiadores gregos a seu lado: Sileno de Calacte e Sósilo de Esparta. Outro historiador grego, Chereas, é mencionado por Políbio (III, 20, 5) em certo contexto que parece implicar que ele era favorável a Aníbal. Mesmo que Sileno e Sósilo tenham publicado sua obra depois de Fábio, ele provavelmente devia estar a par, enquanto escrevia, de que Aníbal dispunha de historiadores gregos a seu serviço. Não há qualquer dificuldade em acreditar que Fábio estivesse ciente de que ajudava Roma quando decidiu escrever em grego.

Mas, antes de poder usar a história para fazer propaganda, é necessário saber escrever história. A questão que importa a respeito de Fábio não é se ele escreveu história para fazer propaganda, mas simplesmente se escreveu história. Além disso, onde estão as provas da propaganda de Fábio?

Tudo o que podemos dizer é que Políbio considerava Fábio e Filino como os historiadores mais confiáveis da Primeira Guerra Púnica dos pontos de vista romano e cartaginês, respectivamente; criticava ambos por serem tendenciosos. Mas há uma diferença entre preconceito e propaganda.

Nos poucos casos em que Fábio é citado a respeito de acontecimentos contemporâneos, ele parece, talvez de modo decepcionante, objetivo e sereno. Oferece uma lista bastante precisa das forças aliadas que ajudaram os romanos a vencer os gauleses em 225 a.C.: tal catálogo obedece à melhor tradição grega de historiografia. Ele desenvolve o ponto de vista segundo o qual, durante a Primeira Guerra Púnica, tanto Roma quanto Cartago estavam praticamente esgotadas antes da última batalha. Também admite que havia um conflito entre Aníbal e os outros líderes cartagineses e que o primeiro havia forçado a mão sobre estes últimos à época da questão de Sagunto. Essa era uma interpretação da qual Políbio não podia compartilhar. Pode ser que seja uma interpretação equivocada, mas demonstra que Fábio não tinha pressa em apresentar os cartagineses ao público grego como coletivamente responsáveis pelo início da Segunda Guerra Púnica. O homem que decidiu conferir as Crônicas nacionais dos pontífices, comparando-as às histórias dos gregos, obviamente tinha uma liberdade de pensamento incompatível com mera propaganda. Se não possuímos qualquer razão para acreditar que Fábio era um propagandista vulgar, temos menos razões ainda para pensar que ele tivesse inventado histórias a respeito do passado romano. O professor A. Alföldi trabalhou bastante para apresentar Fábio como um falsificador descarado. Mas não foi nada convincente. Sua sugestão de que Clélia, Lucrécia e outras heroínas da história romana haviam sido inventadas por Fábio porque as mulheres não tinham lugar em uma tradição genuinamente romana me parece não ter qualquer tipo de fundamento, e por acaso trata-se de uma hipótese que se deve em parte a uma inferência equivocada feita a partir do que eu mesmo escrevi há algum tempo a respeito dos cantos de banquete.

O melhor teste da honestidade de um historiador é o que ele diz a respeito de sua própria família. Ora, Fábio tinha boas razões para acreditar que seus ancestrais haviam sido contemporâneos de Rômulo. Os Luperci Fabiani – obviamente uma corporação religiosa ligada à *gens* Fábia – eram considerados tão antigos quanto a *urbs* romana. Entretanto, algo surpreendente sobre a tradição com relação aos Fábios é que ela silencia sobre suas atividades – se é que existiram – em época monárquica.

Isso significa, é claro, que registros autênticos a respeito dos Fábios pré-republicanos não haviam sido preservados, mas significa também que Fábio Pictor não tentou remediar as deficiências da tradição com invenções próprias. Fábio certamente construiu uma imagem elevada de Roma na época dos reis (Lívio I, 44, 2; Dion. Hal. IV, 15, 1). Ele registra um suposto censo de Sérvio que contava 80 mil cidadãos do sexo masculino aptos ao serviço militar (*"qui arma ferre possent"* ["que eram capazes de portar armas"]). Também atribuiu trinta tribos locais à cidade de Sérvio. Esse é um quadro com o qual podemos muito bem discordar. Mas, afora o fato de que os Fábios não fazem parte dele, há outras razões pelas quais não o podemos considerar uma peça da fantasia de Fábio. As reformas de Sérvio já haviam sido descritas por Timeu, que havia cometido enorme anacronismo ao atribuir a introdução da cunhagem a esse rei. Timeu não tinha uma opinião mesquinha a respeito da importância de Roma sob o domínio de Sérvio. Em outro texto, tentei mostrar como, em sua interpretação dos números do censo de Sérvio, Fábio Pictor deve ter aceitado informações já contidas em Timeu, ainda que discordando de sua explicação (*Terzo contributo* II, p.654). Se Fábio se deixou levar por uma visão complacente sobre a Roma antiga, não estava sozinho.

No fragmento anônimo grego que é conhecido como *Ineditum Vaticanum*, há um discurso estranho proferido por um romano chamado Keson, o qual adverte os cartagineses a não confiarem em sua supremacia naval (Drachmann, A. B. *Diodors Römische Annalen... samt dem Ineditum Vaticanum*. Bonn: A. Marcus und E. Weber, 1912). No passado, os romanos haviam sido capazes de adotar as técnicas militares dos etruscos e dos samnitas: da mesma forma, tiveram de lidar com os cartagineses.

H. von Arnim reconheceu no nome Keson o prenome "Kaeso", típico da *gens* Fábia, e conjecturou que Fábio Pictor era a fonte definitiva dessa história (*Hermes* 27, 1892, p.130). Ainda que outros tenham sugerido o nome de Posidônio como a fonte do *Ineditum Vaticanum*, ainda acredito que a interpretação de Von Arnim é mais provável. O discurso de Keson parece uma peça autêntica da filosofia da história praticada por Fábio. Se era propaganda, não era propaganda fundamentada em mentiras e falsificações. À maneira grega, era feita no formato de um discurso.

X

Outros romanos seguiram Fábio em sua tentativa de escrever a história romana em língua grega. Mas logo Catão demonstrou que era possível fazer uma historiografia de tipo grego em latim. Suas *Origines* eram latinas na língua, mas gregas no espírito. Presumo que, sob a influência de Catão, alguém tenha tentado traduzir os anais de Fábio para o latim. O que acontece de toda forma é que, durante o século II a.C., a historiografia de tipo grego escrita em latim tornou-se comum em Roma.

Fábio realmente iniciou uma nova era quando invocou os historiadores gregos para ajudá-lo a estabelecer uma ordem nas tradições romanas. Isso teve consequências positivas e negativas. A consequência positiva dessa operação é que depois disso os romanos tiveram para sempre à sua disposição os recursos da historiografia grega. Até mesmo os registros pontificiais deveriam cessar em seguida, pois já não combinavam com o novo espírito. O julgamento político, a crítica da fonte, os artifícios estilísticos dos historiadores romanos foram afetados permanentemente pelos modelos gregos. Salústio se voltou para Tucídides, Lívio explorou Políbio, Varrão tirou vantagens dos antiquários gregos. Os romanos eram impelidos pelo exemplo grego a explorar sua história por vários ângulos – político, biográfico e erudito.

As principais consequências negativas da assimilação que os romanos fizeram da historiografia grega foram duas. A primeira foi que os romanos herdaram a inabilidade grega de fazer pesquisa verdadeira a respeito dos períodos intermediários entre as origens e os acontecimentos contemporâneos. Assim como os gregos, os historiadores romanos se capacitaram, fosse para recolher e criticar as tradições míticas, fosse para observar e relatar a história contemporânea. Dificilmente eram capazes de examinar o passado histórico em oposição ao passado mítico, se por examinar entendermos um estudo sistemático (e não apenas ocasional) da documentação primária. Podiam recolher e criticar relatos feitos por historiadores anteriores, mas seu estudo da história mais remota nunca tinha o valor e a força de persuasão de seus estudos de acontecimentos contemporâneos. Historiadores medievais e modernos, até o século XVIII, e em muitos casos até o XIX, trabalharam com as mesmas limitações apenas por ter herdado os métodos da historiografia romana. Maquiavel, Guicciardini, Commynes e seus seguidores são historiadores de seu próprio tempo.

A segunda consequência negativa foi que a historiografia romana nunca reagiu espontaneamente ao passado romano. Os romanos sempre julgavam a si próprios tendo os gregos em vista. É difícil entender isso no longo prazo. Afinal, todo historiador escreve com os olhos voltados para os seus antecessores. Mas cada historiador grego de época clássica e helenística estava mais interessado no que tinha a dizer do que naquilo que seus predecessores tinham dito. Se atacavam seus predecessores era porque tinham de se justificar de algum modo. Com relação aos romanos – ou então com os gregos que seguiram o caminho romano em época imperial –, não estamos tão seguros. Eles estavam construindo conscientemente sua própria história, à luz da história grega. Para Cícero e seus contemporâneos, apenas os gregos eram realmente capazes de escrever história. Quintiliano não vê qualquer problema quando observa que muito em Salústio era traduzido do grego (*Inst. Or.* IX, 3, 17). Ao iniciar a história da Segunda Guerra Púnica, Lívio não deixa dúvida de que lembrava Tucídides e a Guerra do Peloponeso.

Os historiadores romanos eram obcecados pela comparação com os gregos. Mais tarde, sob influência romana, os historiadores humanistas ficaram obcecados pela comparação com seus modelos clássicos. A historiografia da Europa ocidental nasceu com Fábio Pictor, como um ato de liberalização e racionalização, mas sob circunstâncias relativamente artificiais que permaneceram características da historiografia europeia até época bem recente. Seria interessante discutir em que data os historiadores modernos começaram a sentir que a comparação com os latinos e com os gregos não era mais compulsória. Talvez no século XVIII, talvez apenas no XIX.

Não devemos culpar Fábio Pictor se, em sua luta contra a superstição e o tradicionalismo, ele tenha se voltado para os gregos com vistas a desacreditar os pontífices romanos. O classicismo nunca é tão perigoso quanto o é o tradicionalismo. Além disso, o resultado dos esforços de Fábio foi, talvez, mais original do que ele mesmo esperava. Os anais que ele produziu inauguraram um novo tipo de história nacional, menos antiquária do que as crônicas dos estados gregos, mais preocupada com a continuidade das instituições políticas do que a maioria das histórias gerais gregas que conhecemos.

Os romanos não podiam permanecer presos à noção de história contemporânea porque tinham um senso profundo de tradição e de continuidade. Podiam ser pouco críticos com relação ao próprio passado, mas sentiam que deviam narrar sua própria história *ab urbe condita*, desde o começo. Os anais sobre as origens de Roma foram o produto mais característico de sua historiografia. E Lívio foi o maior representante desse gênero, que ainda era aceito por Tácito como a forma natural de escrever a história. Nesses anais, algo do espírito dos velhos registros pontificiais, os Anais dos Pontífices, sobreviveu. Revolucionário de muitas maneiras, Fábio permaneceu fiel ao velho espírito dos anais romanos pré-gregos ao iniciar sua obra dando memória a um passado imemorial. O tradicionalismo romano inspirou os Anais dos Pontífices. Fábio Pictor o manteve vivo ao aceitar os métodos, e em grande medida os conteúdos, da história política grega. Fábio inventou a história nacional para o Ocidente latino. Por isso ele criou a forma para a expressão da consciência nacional: possivelmente contribuiu para a criação da própria consciência nacional tal como a entendemos.

Temos apenas de nos voltar para Cornélio Tácito para uma confirmação. Tácito sabia que vivia em um mundo que os gregos de tempos anteriores conheciam pouco. Ele estava preocupado demais com seu próprio século para escrever sobre os precedentes, mas nunca os esqueceu: assumiu a continuidade da história romana. Era original o suficiente para estabelecer sua própria linha na história da historiografia. Libertado de uma aliança com os modelos gregos, ele impôs sua individualidade a seus leitores. Há uma escola de tacitistas, em um sentido no qual seria difícil falar de escolas de história de Salústio, de César ou de Lívio.

Capítulo 5
Tácito e a tradição tacitiana[1]

I

Durante mais ou menos três séculos, da Reforma até a Revolução Francesa, Tácito inspirou ou preocupou os políticos, os moralistas e até os teólogos, sem falar dos temas que forneceu à poesia e à pintura. Ele atuou em dois campos diferentes. Em primeiro lugar, ajudou os alemães a reafirmar sua nacionalidade e consequentemente a atacar o domínio estrangeiro da Igreja Romana. Em segundo, revelou os segredos do comportamento político para aqueles que governavam e para os que eram governados. Aos primeiros ensinou mais do que um truque, e aos segundos alertou que esses truques eram cruéis e inevitáveis: cada um precisava conhecer seu lugar. Aforismos e discursos políticos sobre os temas tacitianos multiplicaram-se. Havia, sem dúvida, uma boa dose de imitação da prosa histórica tacitiana. Mas apenas os antiquá-

---
[1] O título original da conferência era "Tácito e a descoberta da tirania imperial".

rios alemães encontraram em Tácito – e mais especificamente na *Germania* – um modelo preciso para seu trabalho histórico. Os acontecimentos da Europa moderna, em sua maioria, não podiam ser narrados satisfatoriamente de acordo com o modelo tacitiano. Tácito nunca lidara com descobertas geográficas, colonização, guerras de religião e competição comercial. Ainda que tenha percebido a futura importância de alemães e cristãos, foi poupado da realização de suas previsões. É, portanto, mais correto falar de "tacitismo" com relação ao pensamento político da época do absolutismo, ainda que poucos historiadores daquela época tivessem permanecido insensíveis à sua arte de descobrir o fundamental sob as aparências. Às vésperas da Revolução Francesa, Gibbon deu o exemplo supremo de estilo tacitiano adaptado a um tipo diferente de historiografia. Ainda assim, a temática de Gibbon não era a história moderna. Qualquer que fosse a lição de Tácito para a época do absolutismo, suas raízes estavam em sua escolha particular de temas e em suas próprias ambiguidades. O tacitismo não era uma interpolação arbitrária com Tácito. Para compreender o tacitismo é necessário, em primeiro lugar, considerar Tácito.

II

Precisamos resistir a qualquer tentativa de apresentar Tácito como um pesquisador de documentos originais no sentido que tem para nós um historiador do século XX. Sabemos que os historiadores antigos normalmente realizaram pesquisas a respeito dos eventos contemporâneos sobre os quais eram os primeiros a escrever: Plínio, o Jovem, amigo de Tácito, confirma essa prática. Tácito, sem dúvida, lera com cuidado as *acta senatus* e *as acta diurna* – os registros das reuniões do Senado e o jornal da cidade – para o período de Domiciano, o qual ele, Tácito, havia desbravado. Mas não podemos concluir sem boas razões que ele teria feito o mesmo sistematicamente para o período que vai de Tibério a Tito, para o qual poderia utilizar fontes literárias. As *Historiae* oferecem a melhor oportunidade para examinarmos a obra de Tácito. Podemos compará-lo a Suetônio, Plutarco e Dião no tratamento dos acontecimentos de 69 d.C. O relato de Tácito é muito próximo daquele das outras autoridades e deriva claramente da mesma fonte. Nos *Annales*, as similaridades com as fontes paralelas já não são tão intensas – fato que admite mais de uma explicação. Mas, mesmo nos *Annales*, Tácito reivindica em apenas um ponto ter se remetido às *acta senatus* (XV, 74), enquanto insinua pelo menos duas vezes não ter tido o trabalho de consultá-las quanto a questões controversas. Em *Annales* (II, 88), Tácito afirma: "Descubro, a partir dos autores contemporâneos que eram membros do Senado, que uma carta do chefe dos Chattus – Adgandestrius – foi lida na Cúria, prometendo a morte de Armínio se lhes fosse enviado o veneno". Aqui, Tácito diz que obteve sua informação dos historiadores senatoriais: ele não menciona as *acta senatus*, ainda que a carta do chefe germânico tenha sido lida no Senado. Mommsen tentou evitar a inevitável conclusão, sugerindo que, em questões de assassinato político, as *acta senatus* silenciavam. Mas, se Tácito tivesse o hábito de conferir as *acta senatus*, ele teria mencionado que estas não confirmavam a história dos historiadores do Senado. Em outra passagem (*Annalles* I, 81), Tácito admite sua inabilidade em construir um quadro claro dos procedimentos das eleições consulares de XV d.C., ainda que tivesse consultado os historiadores e os discursos de Tibério. Aqui, mais uma vez, ele implicitamente exclui as *acta senatus*. Por conseguinte, não devemos tomar a referência ao discurso de Tibério como uma referência às *acta senatus*: os discursos de Tibério tinham sido registrados e poderiam ser lidos sem que se tivesse de recorrer às *acta senatus*. Se fosse necessária uma confirmação dessas deduções, esta seria fornecida pela descoberta da *Tabula Hebana*. A inscrição contém pelo menos alguns dos detalhes sobre as eleições; detalhes que Tácito não poderia ter descoberto por si mesmo. Como a *Tabula Hebana* trata substancialmente, se não formalmente, de uma deliberação do Senado, esta deveria ter sido registrada nas *acta senatus*. A ignorância de Tácito com relação a seu conteúdo pode apenas ser explicada se ele não tiver consultado os respectivos protocolos das reuniões senatoriais.

Sir Ronald Syme está propenso a acreditar que Tácito tenha empregado as *acta senatus* para realizar um estudo especial dos discursos do imperador Cláudio. Os apêndices [*excursus*] antiquários de Tácito derivariam não de um manual antiquário – como acredita Friedrich Leo –, mas dos discursos antiquários de Cláudio no Senado. Este é um pensamento fascinante; e há nele um elemento de verdade. Tácito leu com muito cuidado o discurso de Cláudio a respeito da admissão dos gauleses ao Senado porque se lembrou dele em um contexto diferente em seu apêndice sobre o Monte Célio (*Ann.* IV, 65). Podemos facilmente acreditar que ele encontrava um prazer excêntrico em outras peças do pedantismo de Cláudio. Em *Annales* (XI, 14), ele devotou um apêndice à história do alfabeto, por exemplo: sabemos que problemas relacionados com o alfabeto eram um tema predileto do imperador Cláudio. Mas não há nada que sugira que fosse grande a familiaridade de Tácito com os discursos de Cláudio. A sugestão ulterior de que Tácito conhecesse os discursos de Cláudio a partir de uma consulta direta das *acta senatus* é ainda menos provável. Um exemplo vai tornar esse ponto mais claro. Tácito afirma que Augusto antecedeu Cláudio na ampliação do *pomerium*, isto é, das fronteiras sagradas de Roma (*Ann.* XII, 23). Essa afirmação é tida por Sir Ronald Syme como derivada de um discurso de Cláudio no Senado, propondo o aumento da extensão dos limites sagrados. Há inúmeras evidências que comprovam que Augusto jamais expandiu o *pomerium*. O próprio Augusto jamais menciona tal empreitada em suas *Res Gestae*; e a *Lex de imperio Vespasiani* não cita Augusto como predecessor de Cláudio no alargamento do *pomerium*. Além disso, o respeitável antiquário que estava por trás de Sêneca na discussão sobre o *pomerium* no *De Brevitate vitae* (XIII, 8) não tem conhecimento de uma extensão do *pomerium* feita por Augusto. *De Brevitate vitae* foi escrita poucos meses depois da extensão do *pomerium* por Cláudio, quando o assunto era atual. O único argumento para tal omissão é que, de fato, Augusto nunca estendeu o *pomerium*. Mas, se ele não o fez, então Cláudio não mentiria para os senadores em um discurso oficial. Ele era um antiquário bom demais para arriscar ser desacreditado por inventar fatos. Não sabemos quem cometeu o primeiro erro de atribuir o alargamento do *pomerium* a Augusto, mas ao menos podemos afirmar que não foi Cláudio. Alguém entre Cláudio e Tácito deve ter achado adequado atribuir a ampliação dos limites sagrados de Roma ao primeiro imperador. Aqui, Tácito não depende das *acta senatus*, mas de uma tradição literária posterior admitida por Dião Cássio e também pela *Historia Augusta*. A abrangência da pesquisa original de Tácito está destinada a preservar a dúvida e a controvérsia porque apenas em alguns casos possuímos evidências suficientes para chegar a ela. Por exemplo, não podemos dizer onde Tácito encontrou sua informação sobre o debate entre Helvídio Prisco e Eprio Marcelo que hoje aparece com destaque nas *Historiae*, Livro IV. Ele pode ter lido a esse respeito nas *acta senatus*, mas com maior probabilidade na biografia de Helvídio Prisco que fora escrita por Herênio Senécio. Com efeito, Tácito pode ter simplesmente fundamentado seu relato na obra de outro historiador que já havia usado a biografia de Helvídio escrita por Herênio Senécio. O que podemos dizer é que, de acordo com a documentação que hoje possuímos, não há nada que sustente uma imagem anacrônica de Tácito passando suas manhãs consultando os arquivos do Senado romano.

Se Tácito não foi um pesquisador no sentido moderno, ele foi, entretanto, um escritor cuja autoridade não pode ser questionada com seriedade. Quando questionamos o relato de Tácito sobre Tibério ou quando duvidamos das informações que apresenta sobre as campanhas partas de Nero, estamos na verdade discutindo detalhes. Para pôr o problema com mais clareza, se não se acredita no relato de Lívio sobre Rômulo, isso significa que não há nada que se possa conhecer sobre Rômulo; mas, se não se acredita no relato de Tácito sobre Tibério, isso quer dizer apenas que há de se refletir melhor sobre alguns detalhes do reino de Tibério. Suetônio, Dião, Plutarco — sem mencionar as inscrições — dão razão a Tácito em todos os fatos principais e reduzem a controvérsia sobre sua confiabilidade a limites bem estreitos. Se, por um lado, a descoberta da *Tabula Hebana* demonstrou que Tácito negligenciou alguns aspectos das eleições consulares da época de Tibério, por outro, não podemos esquecer que Tácito admitiu sua inabilidade de obter informação suficiente a seu respeito. Conheço apenas um caso em que se pode suspeitar com alguma justificativa de que Tácito tenha conscientemente alterado a verdade com a finalidade de obter um efeito retórico. Ele faz Cremúcio Cordo recitar um discurso no Senado durante seu julgamento (*Ann.*, IV, 34). Contudo, sabemos por Sêneca que Cremúcio Cordo cometeu suicídio antes de seu julgamento pelo Senado (*Cons. Marc.* XXII, 6). É difícil chegar à conclusão de que Tácito tenha feito Cremúcio ir ao Senado apenas porque o primeiro havia pensado em um bom discurso para pôr na boca do último. Mas é justo acrescentar que essa ideia poderia já ter ocorrido a um predecessor de Tácito. Nesse caso, teria sido uma falha de Tácito confiar em um predecessor em vez de ele próprio consultar as *acta senatus*.

Tácito jamais pretendeu ser um historiador com um método próprio, como fizeram Tucídides ou Políbio. O que reivindicou para si — escrever *sine ira et studio* [sem raiva ou ambição] e desprezar detalhes triviais — pertence às convenções da historiografia greco-romana. Ele aceita o padrão da escrita analística romana; deixa claro que estudou seus Salústio, César e Lívio. Não pretende ser um inovador. Nem os temas que escolhe nem os materiais que utilizou eram novos ou particularmente difíceis de manejar.

Entretanto, em um outro sentido, Tácito é um dos mais experimentais historiadores da Antiguidade. Apenas Xenofonte, entre os historiadores cujas obras chegaram até nós, pode ser comparado a ele nesse quesito. Xenofonte se aventurou pela biografia, pela novela histórica, pela história militar com elementos autobiográficos, pela simples narrativa histórica e, por fim, pela coleção de ditames filosóficos. Superficialmente, Tácito não é tão multifacetado. Ele tentou apenas a biografia, a etnografia, a discussão histórica sobre o declínio da eloquência e, finalmente, a simples narrativa analística. Mas quase todos seus experimentos são complexos. Cada grande experimento inclui outros experimentos. A obra *Agricola* é uma biografia com um fundo etnográfico-histórico: a combinação não devia ser comum. *Germania* é uma etnografia acompanhada por uma mensagem política. Permito-me tomar o diálogo *De Oratoribus* como obra de Tácito sem uma discussão ulterior. Ela combina uma tentativa de descrever as reações subjetivas de várias pessoas ao regime político sob o qual vivem com uma tentativa de esclarecer as causas do declínio da eloquência. Até mesmo em seus escritos históricos mais maduros Tácito experimentava. O que possuímos das *Historiae* é um quadro de uma guerra civil em que os líderes não são mais, e talvez sejam até menos, importantes do que a multidão – soldados, provinciais, plebe romana. Nos *Annales*, a perspectiva muda. A personalidade do imperador e de suas mulheres, de alguns poucos generais e filósofos domina o cenário. Tomamos essa mudança como natural porque Tácito a faz parecer assim, mas outras soluções seriam possíveis. Podemos suspeitar que as complexidades daquele obscuro fazedor de imperadores, Antônio Primo, tal como descrito nas *Historiae*, teria sido mais interessante para Tácito dez anos mais tarde, quando ele escreveu os *Annales*; enquanto as cenas ao ar livre sobre o incêndio de Roma, como narradas nos *Annales*, teriam sido mais bem descritas dez anos antes, quando escreveu as *Historiae*.

Alguns dos experimentos nunca foram desenvolvidos completamente. As obras menores, afinal, são menores justamente porque apenas insinuam os problemas históricos maiores. A

Agricola poderia ter se desenvolvido em um estudo do impacto da romanização sobre os nativos da Bretanha. *Germania* é potencialmente uma pesquisa sobre as relações dos germânicos livres com o Império Romano. *Dialogus* delineia uma pesquisa a respeito das inter-relações entre a liberdade política e as atividades intelectuais. Nenhum desses temas é tomado a peito e desenvolvido em uma história de grande escala. Tácito teria sido outro tipo de historiador se assim o tivesse feito. Teria se tornado um crítico da estrutura do Império Romano. Ele nos teria dito explicitamente se acreditava ou não que havia uma alternativa razoável para o regime romano. O próprio fato de ter Tácito escrito a *Agricola* e a *Germania* em 98 d.C., antes de *Historiae* e dos *Annales*, demonstra que no início de sua carreira como historiador ele desejava lançar algumas questões fundamentais a respeito do governo provincial romano. Mas não desenvolveu por completo esses temas; tampouco o tema do declínio da eloquência fora do *Dialogus*. Qualquer desenvolvimento nesse sentido teria significado uma completa ruptura com toda a tradição historiográfica de Roma. Politicamente, Tácito teria de desistir do convívio com a classe senatorial para a qual ele havia sido provavelmente o primeiro membro de sua família a se qualificar. Do ponto de vista historiográfico, ele teria precisado repudiar as tradições da escrita analística romana, limitada que era aos acontecimentos políticos e religiosos no sentido mais estrito. Podemos apenas especular a respeito da forma que teria tomado a obra histórica de Tácito caso ele tivesse optado por descrever as transformações lentas da vida intelectual em Roma e da vida tribal nas províncias.

Rupturas dessas proporções não eram desconhecidas no mundo em que Tácito vivia. Cristãos e cínicos estavam preparados a deixar para trás as formas e o conteúdo da vida política romana. Os cristãos chegaram mesmo a inventar novas formas historiográficas – os Evangelhos e os Atos dos Apóstolos – para expressar sua nova visão. Mas Tácito não era nem cristão nem cínico; e, para sermos justos com ele, é preciso dizer que nem os cristãos nem os cínicos chegaram sequer perto de fazer o tipo de questionamento que faz Tácito em sua *Germania* e no diálogo *De Oratoribus*.

Em resumo, Tácito não desenvolveu os experimentos mais ousados, mas dedicou suas maiores obras históricas a um tema que era menos revolucionário sem ser convencional. Ele começou a trabalhar de forma analítica com os aspectos mais indesejáveis do governo tirânico. A parte que sobreviveu das *Historiae* é basicamente sobre a guerra civil sob o domínio de tiranos, com seus aspectos relacionados de irresponsabilidade do povo e ambição de poder da classe dominante. Os *Annales* desafiam uma definição simples. Cada imperador é analisado naquilo que tinha de pior, seus colaboradores compartilham de seu destino e apenas alguns indivíduos – principalmente senadores com uma fé filosófica – escapam da condenação porque enfrentam o martírio.

Uma avaliação sóbria da originalidade de tal empreendimento historiográfico é quase impossível. Não há documentação. Os trabalhos dos predecessores de Tácito estão perdidos. Ele pode ter aprendido alguma coisa com os historiadores helenísticos que escreveram crônicas de tiranos. O ateniense Democares, que no início do século III a.C. fez um registro apaixonadamente hostil ao governo de Demétrio Poliorceta em Atenas, pode, certamente, ser qualificado como um modelo de historiador antitirânico. Mas a tirania na Grécia era algo provisório, algo que se sobreponha violentamente e com dificuldade sobre uma estrutura democrática. É pouco provável que qualquer historiador grego pudesse ser realmente útil para um historiador como Tácito, que descrevia as consequências da supressão permanente da liberdade. Tácito podia ter aprendido muito mais com seus predecessores imediatos, que eram também suas fontes imediatas. Entretanto, precisamos fazer uma diferenciação entre o empréstimo de acontecimentos e o empréstimo de interpretações. Seria embaraçoso avaliar a originalidade de Tácito como um intérprete de história com base na documentação hoje disponível. A comparação de Tácito com Dião, Plutarco e Suetônio é conclusiva quanto à existência de uma fonte comum para os fatos, mas inconclusiva quanto à existência de uma fonte comum para a interpretação dos fatos. Entretanto, onde a comparação é mais fácil, nas *Historiae*, a diferença de interpretação entre Tácito e outros historiadores sobreviventes é conspícua. Somente Tácito interpreta a crise de 69 como o colapso da disciplina no exército romano provocado pela desmoralização da aristocracia romana. Nem Plutarco nem Dião interpretam os acontecimentos de 69 como uma crise da sociedade. Quando lemos Tácito, sentimos imediatamente que ele nos oferece algo mais do que o fazem os demais historiadores. Sua análise do comportamento humano é mais profunda, sua atenção às tradições sociais, às circunstâncias precisas é muito mais vigorosa. Ele comunica sua interpretação por meio de uma escolha sutil e acurada de detalhes que se expressam em uma linguagem totalmente pessoal. O quadro que fica em nossas mentes é próprio dele. Admitir que Tácito teve predecessores reais é admitir que o estilo tacitiano existiu antes dele mesmo. Isso é suficiente para o nosso propósito, porque, em última análise, o nosso propósito é mostrar como esse quadro de despotismo tornou-se clássico.

As observações teóricas de Tácito sobre o início do declínio de Roma, sobre os méritos relativos do destino e da providência, e sobre o desenvolvimento das instituições políticas são notoriamente vagos e contraditórios. Tácito preocupava-se sempre com a honra de Roma, com a vitória dos exércitos, com a extensão dos limites do Estado romano, mesmo quando não estava seguro a respeito dos méritos da causa romana. Uma de suas acusações contra Tibério é a de que ele não estava interessado na extensão do Império Romano (*Ann.* IV, 32). Seus relatos de guerra se fundamentam no pressuposto de que, uma vez iniciada uma guerra, a vitória romana era automaticamente esperada. Pressupunha o direito do Estado romano de conquistar e vencer – ainda que questionasse as consequências. Apreciava a justiça para com os provincianos, mas nunca questionou o direito de reprimir qualquer rebelião desses provincianos. Ele ampliou seu preconceito para nele incluir um grande número de gostos e desgostos da elite romana. Gregos, judeus e cristãos são por ele desprezados, e há também o convencional desprezo pelos *liberti* e de modo geral pelos simples plebeus. Isso significa que a área em que Tácito estava preparado para questionar a estrutura imperial era bastante limitada. Ele não tinha qualquer ideia própria a respeito de política externa e, no tocante à política provincial, compartilhava da opinião bastante corrente de que o Ocidente latino era muito mais promissor do que o Leste grego. Os imperadores do século I d.C. avizinhavam-se da prática daquilo que Tácito pregava como direitos de Roma, política de conquistas, perigo representado pelos estrangeiros e pelo povo. Sobre esses pontos, o desacordo de Tácito era marginal. O relato notoriamente ambíguo a respeito da perseguição dos cristãos no governo de Nero, ainda que crítico ao imperador, não questionava seu direito último de perseguir.

O verdadeiro objetivo de Tácito era desmascarar o governo imperial como algo que se fundava em corrupção, hipocrisia e crueldade. Não excluía nenhuma classe das consequências de tal regime, mas concentrava-se na corte imperial por si só e nos senadores. Aceitava exceções individuais. Estas eram mártires como Trásea Peto, ou sábios como Agrícola, mas é típico de seu julgamento mais amadurecido que nos *Annales* os mártires apareçam com maior proeminência do que os sábios. Enxergar a prostituição da aristocracia romana, ter de reconhecer que com frequência havia mais dignidade em um chefe germânico ou britânico do que em um senador romano era a última amargura da tirania. Toda a história dos anos 68-70 era a consequência da fraqueza vergonhosa do Senado romano ao trocar a chefia cinco vezes. Nada do que havia sido dito contra Tibério se compara a sua acusação do Senado: *"pavor internus occupaverat animos, cui remedium adulatione quaerebatur"* ["o medo tomava seus espíritos, para os quais o remédio escolhido era a adulação"] (IV, 74). *"Adulatio"* é a palavra mais recorrente. A mente de Domiciano estava corrompida pela adulação: adulação era prometida por Galba a Piso. Por outro lado, os protestos contra o tirano, se alguma vez pronunciados, não eram sempre louváveis: corriam o risco de ser inúteis e frívolos, *inane*. Um dos aspectos da tirania era impor uma escolha difícil entre a adulação e o protesto vazio, ou, nas palavras de Tácito: *"inter abruptam contumaciam et deforme obsequium"* ["entre uma independência desafiadora e um servilismo aviltante"] (*Ann.*, IV, 20).

Tal situação, em que mesmo o livre falar é raramente adequado, é a indicação de que havia algo radicalmente errado com a natureza humana. A tirania deixa de ser um fenômeno isolado e passa a ser sintoma de um mal fundamental. Os homens estão prontos a abandonar a liberdade pela adulação – ou, então, a tornarem-se tolos pelo emprego de palavras vazias de liberdade. Quanto mais Tácito desenvolve esse ponto, das *Historiae* aos *Annales*, mais ele se torna pessimista. Quanto mais se aprofunda, mais evidente se torna o contraste entre a realidade e a aparência, entre os feitos e as palavras no comportamento humano. Entretanto, é preciso insistir, Tácito não é um niilista. Seu pessimismo talvez seja mais superficial do que estamos prontos a admitir. Quase toda história que nos relata tem um final ruim, e pode dar a impressão de que o homem é incapaz de evitar fazer mal. Mas há muitas coisas que ele não revela. O que permanece não dito está a salvo. Família, propriedade, posição social, educação em geral não parecem correr perigo. Tácito certamente não se preocupa com elas. Tucídides e Políbio registraram crises muito maiores e foram muito menos críticos a elas. Até o poder como tal não é digno de desconfiança para Tácito. Ele não gosta apenas do poder tirânico.

Talvez exista um conflito insolúvel na abordagem de Tácito sobre o Império Romano. Há muitas coisas que ele aprova, tantas, que, com efeito, Tácito não consegue criticar a instituição como um todo. Mas desaprova imensamente o despotismo que ela envolve. Por não conseguir criticar o Império como um todo, ele o aceita como imutável. E, porque o aceita como imutável, não consegue ver como é possível que haja um império sem tirania. Talvez tenha tido esperanças nesse sentido quando começou a escrever as *Historiae*, mas essas esperanças tinham morrido muito tempo antes de ele começar os *Annales*. Assim, ele foi levado a admitir um aspecto maléfico imutável no Império Romano. A psicologia do tirano tornou-se uma manifestação proeminente de permanentes ganância, luxúria e vaidade do homem como tal. Paradoxalmente, é seu conservadorismo que força Tácito a ser pessimista. Ele é um pessimista porque não consegue sequer conceber uma alternativa ao Império Romano.

É uma parte do conflito insolúvel na mente de Tácito o fato de ele jamais esquecer que a natureza humana é capaz de coragem verdadeira, franqueza verdadeira e liberdade verdadeira. Onde tanta adulação e hipocrisia prevalecem, ele consegue dar exemplos de liberdade de expressão. Além disso, enxerga mundos distantes onde a virtude reina sem concorrentes: Roma primitiva, ou talvez terras bárbaras intocadas. Evidentemente, essas terras encantadas são de importância prática limitada. Tácito deixa claro que qualquer ideia de uma República romana no velho sentido é agora obsoleta e, com trágica ironia, enfatiza o perigo que os bárbaros amantes da liberdade representam para o Estado romano. Mas os indivíduos que a seu próprio risco conseguiram manter viva a velha liberdade são de muita importância para Tácito. Ele não se inclui entre estes. Jamais emite um julgamento a partir da segurança de uma posição moralmente superior. Em uma de suas raras anotações pessoais, confessa ter aceitado a tirania de Domiciano sem oferecer resistência.

Tácito não tinha a intenção de competir com os filósofos. Teria ficado aborrecido se fosse visto como um. Com relação ao maior filósofo da geração anterior, ele mantinha certo distanciamento. Os estudiosos modernos tiveram muitas oportunidades de discutir se Tácito gostava de Sêneca. Ter admitido certa covardia na época de Domiciano atende ao propósito de evitar qualquer confusão entre ele próprio e os filósofos. Ele fala do centro do Estado romano e não reivindica qualquer isenção por seus males. Ainda assim, tanto os métodos quanto os resultados de seus escritos históricos lembram os filósofos contemporâneos. Ele transfere para a história a sutileza da análise que os filósofos desenvolveram durante séculos de dominação helenística e romana. Confirma a opinião daqueles filósofos que pensavam que a *virtus* era o resultado raro do esforço individual, mais frequentemente alcançada pela oposição ao governo atuante do que por governar os outros.

III

O ensinamento de Tácito sobre o despotismo era ambivalente. Não pretendia jamais encorajar revoluções, mas, sem dúvida, abriria os olhos de quem se preocupasse em ver os efeitos do despotismo. Outras pessoas, contudo, poderiam tomar seus ensinamentos como uma lição temática sobre a arte de governar, uma lição de realismo.

Na Antiguidade, poucas pessoas estavam preparadas a ponderar uma mensagem tão complexa. Um Tácito só podia amadurecer na solidão. Até mesmo um seu contemporâneo, Plínio, o Jovem, com toda a admiração que tinha por Tácito, foi incapaz de captar o pensamento de seu amigo. Mais tarde, Tácito parece ter conseguido certo público de leitores entre os últimos romanos dos séculos IV e V. Amiano Marcelino aguçou o espírito nas páginas de Tácito. Mas a nota fundamental da época era a nostalgia, muito mais do que uma objetividade implacável:

enquanto Amiano retomava um pouco da vastidão, da nobreza e da amargura das *Historiae*, já não questionava a natureza humana da forma angustiante que caracterizava Tácito. Tal como El Greco, tantos séculos mais tarde, Amiano tornou-se interessado (visualmente) pelo mundo porque este lhe parecia desproporcional e bizarro. Outros aristocratas com gostos educados, especialmente na Gália, desfrutaram seu Tácito sem se aprofundar nos ensinamentos dele. Havia um amigo de Sidônio Apolinário que chegou mesmo a se reivindicar descendente de Tácito (*Ep.* IV, 14); Sulpício Severo e Orósio usaram-no extensivamente. No século VI ele ainda era citado. Mas ele devia ser nessa época uma figura bastante apagada, já que Cassiodoro, que usou sua *Germania*, podia a ele se referir como um "certo Cornélio", "*Cornelio quodam*" (*Variae* V, 2).

Durante a Idade Média, apenas uns poucos liam Tácito, e quase todos estavam em mosteiros beneditinos tanto na Alemanha (como Fulda) ou vinculados à Alemanha (como Montecassino). Nossa parte mais importante do manuscrito dos *Annales* e das *Historiae* (o *Mediceus secundus* na Biblioteca Laurentiana) foi aparentemente roubada de Montecassino no século XIV. A história de que Boccaccio teria sido o ladrão se comprovou desafortunadamente inaceitável. As Obras Menores foram trazidas da Alemanha para a Itália no século XV: aqui, de novo, os detalhes são bastante incertos, mas as Obras Menores já estavam em Roma em torno do ano 1455. Até o final daquele século não houve qualquer acréscimo ao conhecimento que se tinha dos textos de Tácito: mas o que se tinha era suficiente para botar o pensamento para funcionar. Florença foi o primeiro centro intelectual e político a reagir à mensagem de Tácito, assim como foi o primeiro a gostar de

Políbio. Tipicamente, Leonardo Bruni usou Políbio para complementar Lívio no que concerne às guerras romanas e extraiu de Tácito a ideia de que os grandes intelectos desaparecem quando todo poder fica concentrado em apenas um homem. A citação de Tácito feita por Bruni em sua *Laudatio florentinae urbis* (*c.* 1403) – "*Nam posteaquam res publica in unius potestatem deducta est, preclara illa ingenia (ut inquit Cornelius) abiere*" ["De fato, quando o poder do Estado repousa nas mãos de apenas um, os homens de gênio (como disse Cornélio) desaparecem"] – é a primeira evidência do aparecimento de Tácito no moderno pensamento político. Mais ou menos trinta anos mais tarde, Poggio Bracciolini voltou-se novamente para Tácito a fim de sustentar, contra Guarino Guarini, a superioridade do republicano Cipião em relação ao monárquico César. Este, entretanto, foi um uso de Tácito que adquiria significado no contexto da posição especial que tinha Florença em sua luta contra Milão, que era governada pelos Visconti, e que perdeu sentido com o declínio geral dos ideais republicanos na própria Florença e no restante da Itália. Além disso, a interpretação florentina dos textos conhecidos de Tácito não fornecia uma chave para a compreensão da única exceção conspícua desse declínio – a República de Veneza.

Até onde sei (e não sou um especialista em literatura política do século XV), Tácito foi deixado de lado na Itália, a partir de mais ou menos 1440, por uns bons sessenta anos. Esses são os anos em que os alemães estavam aprendendo a ler a *Germania*. Enea Silvio Piccolomini foi o primeiro a chamar a atenção dos alemães para esse texto em 1458. Em 1500, a obra se tornou um espelho no qual os alemães gostavam de se enxergar. Conrad Celtis, ao que parece, foi o primeiro a tratar de Tácito em uma universidade alemã, por volta de 1492. Ele deu início à tradição de pesquisa sobre as antiguidades alemãs que seu pupilo Johannes Aventinus, juntamente com Beatus Rhenanus, Sebastian Münster e muitos outros, continuou. A investigação erudita tanto implicava quanto favorecia a reivindicação de independência e talvez de superioridade em relação à antiga Roma imperial e à Roma papal contemporânea. Tácito começava assim a pagar a hospitalidade que tivera nos mosteiros alemães durante a Idade Média.

Àquela altura, o manuscrito dos livros I-IV dos *Annales*, de acordo com a documentação contemporânea, foi roubado de Corvey e levado para Roma em 1509. Parece não haver nenhuma razão séria para duvidar dessa história. Philippus Beroaldus publicou a *editio princeps* dos primeiros livros dos *Annales* em 1515. O fantasma de Tibério retornava naquele momento. Maquiavel havia escrito *O príncipe* dois anos antes. Ele trabalhava ao mesmo tempo naqueles *Discorsi sulla Prima Deca*[2] que destruía qualquer ilusão que os florentinos pudessem alimentar sobre a similaridade de seu governo com aquele da República romana.

Tibério vinha acompanhado por outro fantasma não menos atual, aquele de Armínio *"liberator haud dubie Germaniae"* ["libertador inquestionável da Germânia"]. Logo em seguida à edição de Beroaldus, Ulrich von Hutten escreveu o *Arminius dialogus* (*c.* 1520), um momento importante na história do nacionalismo alemão. Tácito é aqui convocado como testemunha por Armínio e chamado a recitar: *"elogium illud meum quod in historiis tuis est"* ["a inscrição que para mim tu és na história"]. No *Ragguagli del*

---

2 *Discursos sobre a primeira década de Tito Lívio.* (N. E.)

Parnaso escrito por Traiano Boccalini, o deus reacionário Apolo põe na mesma sacola Lutero e o manuscrito de Tácito como as duas piores coisas que jamais tinham saído da Alemanha. Tácito encontrava-se na confluência dos dois grandes movimentos do século XVI, a Reforma religiosa e o absolutismo monárquico. Nos posteriores *Discorsi*, o próprio Maquiavel cita um pouco de Tácito e quase nada da recém-descoberta seção sobre Tibério. Suas poucas citações, entretanto, expressavam mais genericamente certa importância do que uma simpatia evidente por esse autor. Mostravam que os livros de Tácito faziam sentido somente se usados para explicar por que até mesmo a Roma republicana — com toda sua habilidade de transformar lutas políticas em fontes de força política — caíra sob o domínio de monarcas. Tácito era o complemento de Lívio — o historiador que, mais do que Tácito, tinha sido o guia dos historiadores humanistas mais antigos. Guicciardini, com seu talento para escolher as palavras certas, produziu a fórmula para o novo movimento de ideias: "Tácito ensina aos tiranos a maneira de ser um tirano, e aos súditos, a como se comportar sob os tiranos". A ambivalência de Tácito é aqui reconhecida — talvez pela primeira vez. É essa ambivalência que explica por que ele podia servir alternadamente aos objetivos dos amigos e dos inimigos do absolutismo. Cosimo I Medici e o papa Paulo III Farnese estavam entre os mais diligentes leitores de Tácito. Foi até mesmo sugerido que as duas famílias, dos Medici e dos Farnese, teriam se tornado especialmente devotas de Tácito.

Houve resistências que tiveram de ser superadas antes que Tácito pudesse ser aceito como mestre da sabedoria política. Os classicistas mais fiéis eram leais a Cícero e a Lívio. Os piedosos lembravam que Tácito havia sido atacado por Tertuliano (*Ad. Nat.* I, 11) por causa de suas páginas sobre os cristãos. Budé não podia perdoar Tácito por conta de questões religiosas: "*Hominem nefarium Tacitum...*" ["Tácito, homem nefasto"]. A circunstância que fez outro personagem dúbio, Jean Bodin, tomar a defesa de Tácito contra Budé não podia ser considerada uma recomendação. Apenas quando a divisão da Europa cristã entre católicos e protestantes era já um fato aceito – e as disputas teológicas haviam perdido sua urgência –, Tácito ganhou autoridade total. Podemos localizar o ponto de virada em torno de 1580, quando Marc-Antoine Muret começou a dar aulas sobre Tácito na Universidade de Roma – o centro da Contra-Reforma. Tácito era tanto o exegeta quanto o crítico do absolutismo político: a ambiguidade agradava a quase todo mundo. Ele contribuía para a nova investigação a respeito das profundezas da alma humana. Montaigne estudou-o e admirou-o, e todos os moralistas franceses posteriores, de Charron a La Rochefoucauld, deviam algo a ele, especialmente no tocante ao estudo sobre a hipocrisia. A literatura moderna holandesa nasceu praticamente devido ao contato dos intelectuais holandeses com Tácito. Dois outros fatores também pesavam. A condenação da obra de Maquiavel pela Igreja católica (1559) havia deixado um vazio que Tácito pôde preencher facilmente. O que não podia ser dito em nome do Maquiavel católico podia ser dito em nome de um Tácito pagão. Se se fizesse alguma objeção a Tácito, podia-se sempre retrucar que supostamente um pagão não poderia saber toda a verdade. Em segundo lugar, o ciceronismo estava em crise. A popularidade de Sêneca tanto como estilista quanto como filósofo estava em alta; o neoestoicismo tornara-se a fé daqueles que, sem ter perdido a fé por completo, tinham perdido a paciência com a teologia.

Os destinos de Sêneca e de Tácito tornaram-se inseparáveis ao final do século XVI. Na controvérsia entre italianos e franceses a respeito da superioridade de suas respectivas línguas, a habilidade em traduzir Tácito tornara-se um teste. Como bem se sabe, a tradução de Tácito feita por Davanzati foi a resposta às observações aviltantes de Henricus Stephanus. Davanzati tentou provar que era possível escrever com tanta concisão em italiano quanto Tácito havia escrito em latim. Davanzati foi bem-sucedido em escrever frases curtas, mas o italiano permaneceu uma língua de frases intermináveis.

Um homem representava a nova síntese de Sêneca e Tácito: o discípulo de Muret, Justus Lipsius. Se sua mente estava mais próxima de Sêneca, seu coração e sua experiência pessoal ficavam ao lado de Tácito. Justus Lipsius amava tanto Tácito, interpretava-o com tamanha erudição, apoiava seus argumentos com tanta autoridade, e combinava de forma tão engenhosa suas lições com as de Sêneca, que era simplesmente impossível não ouvi-lo. Como Justus Lipsius, que nascera católico e terminara católico, havia passado parte de sua vida ao lado de protestantes, ele fez propaganda de Tácito dos dois lados da cerca. Seus contemporâneos viam-no como o verdadeiro descobridor de Tácito e, substancialmente, estavam corretos. Mas eu pude demonstrar já há alguns anos (*Contributo*, p.37-59) que outra corrente de pensamento contribuiu para o mesmo resultado. O estudo de Tácito como pensador político foi introduzido em Paris por um italiano *emigré* que, como Lipsius, circulava entre os protestantes e os católicos: Carolus Paschalius, ou Carlo Pasquale. Ambos, Paschalius e Lipsius, publicaram um comentário sobre Tácito em 1581. Mas, enquanto Lipsius estava mais interessado em ilustrar as referências históricas em Tácito e em interpretar as palavras deste, Paschalius tratava Tácito como uma coleção de *exampla* políticos. Lipsius fez uso de Tácito como pensador político apenas em 1589, quando publicou seu *Politicorum libri VI*, mas nem mesmo aí usou Tácito extensiva e tampouco exclusivamente como o fizera Paschalius em seu comentário de 1581. Apesar de todos os demais tacitistas – como eram chamados – que vieram mais tarde terem sido encorajados pela autoridade de Lipsius, eles dependiam mais diretamente de Carolus Paschalius para o tipo de pesquisa que conduziam e para sua forma de apresentação. O rápido progresso da reputação de Tácito como pensador político naqueles anos pode ser notado pela significativa sequência cronológica. O jesuíta Giovanni Botero ainda não conhecia Tácito como pensador político quando escreveu seu *De Regia Sapientia* em 1582. Em 1589, ao publicar seu *Ragion di Stato*, depois de uma estada em Paris, ele apresentou Maquiavel e Tácito como os principais escritores políticos.

Os comentários e as dissertações sobre Tácito nos cem anos seguintes são incontáveis; a Itália de Maquiavel conduziu o movimento tacitiano, e Espanha, França e Alemanha seguiram – quero crer – nessa ordem. A Inglaterra teve uma contribuição menor, e a Holanda também não foi conspícua nesse tipo de produção. Inglaterra e Holanda eram os países que deviam dar à Europa o seu pensamento político moderno com Hobbes, Grotius, Espinosa e Locke. A derrota da Armada salvou a Inglaterra, entre outras coisas, de ser invadida por Tácito, ou pelos tacitistas. Mas, se Ben Jonson teve problemas com o seu *Sejanus* em 1603, deve-se admitir alguma ligação desse fato com a ascensão do tacitismo daqueles anos. O próprio Ben Jonson havia saudado a tradução e a adaptação de Sir

Henry Savile das *Historiae* em 1591 com um epigrama (n.95) que é uma caracterização interessante de Tácito a partir de um ponto de vista tacitiano:

> *We need a man, can speake of the intents,*
> *The councells, actions, orders and events*
> *Of state, and censure them: we need his pen*
> *Can write the things, the causes, and the men.*[3]

Livros de tacitistas estrangeiros foram traduzidos para o inglês – Boccalini, Virgilio Malvezzi. Outros foram lidos no original ou em traduções latinas. O que talvez seja verdade é que na Inglaterra havia uma tendência de enfatizar os aspectos antitirânicos de Tácito. Bacon o via como um inimigo do absolutismo monárquico. O holandês dr. Isaac Dorislaus, que foi o primeiro a ocupar uma cátedra de História em Cambridge, em 1627, logo teve de abandonar sua posição, pois interpretara Tácito com um espírito claramente antimonárquico. Em última instância, entretanto, na Inglaterra, os pensadores mais sérios se preocuparam com o direito divino dos reis, e não com a psicologia da tirania. Como fica patente, de forma exemplar, na disputa entre Salmasius e Milton, os textos bíblicos tinham muito mais peso do que Tácito.

A literatura tacitiana do continente pode ser dividida em quatro grupos: (1) Excertos de Tácito no formato de aforis-

---

3 Precisamos de um homem que possa falar das intenções/ Dos conselhos, das ações, das ordens e dos acontecimentos/ Do estado, e que os censure: precisamos que sua pluma/ Escreva as coisas, as causas e os homens.

mos políticos. Por exemplo, Abraham Gölnitz, em seu *Princeps* de 1636, descreve o que um príncipe deve fazer na paz e na guerra por meio de excertos de Tácito. (2) Excertos de Tácito acompanhados por comentários políticos detalhados: os *Discorsi*, de Virgilio Malvezzi, são uma boa amostra disso. Eles pertencem àquilo que Bacon chamaria de *"historiae ruminatae"* ["histórias ruminadas"]. (3) Teorias gerais sobre política vagamente fundamentadas em Tácito, como as *Quaestiones ac Discursus in duos primos libros Annalium*, escritas por Petrus Andreas Canonherius (Canoniero). (4) Comentários políticos sobre Tácito que vagavam um tanto ambiguamente entre a análise das opiniões de Tácito e a análise dos fatos por ele relatados. Os comentários de Anibale Scoto e de Traiano Boccalini são desse tipo.

Tácito virou moda. Foi até mesmo vertido para versos em italiano por Alessandro Adimari, *La Polinnia, ovvero cinquanta sonetti... fondati sopra sentenze di G. Cornelio Tacito* [La Polinnia, ou cinquenta sonetos... fundamentada em julgamentos de G. Cornelio Tacito], de 1628. Como todas as outras modas, o "tacitismo" tornou-se cansativo depois de certo tempo e acabou entrando em conflito com tendências mais modernas que surgiram. Como já dei a entender, as dúvidas sobre Tácito sempre permaneceram em certos círculos católicos. O jesuíta espanhol Pedro Ribadeneira pôs em um mesmo saco Tibério ("um imperador muito corrupto e abominável"), Tácito ("um historiador pagão e inimigo do cristianismo"), Maquiavel ("o conselheiro impiedoso") e Bodin (o qual "nem conhecia teologia, nem era acostumado à piedade"). Outro estudioso jesuíta de Maquiavel, Antonio Possevino, queixava-se que muitos de seus contemporâneos pareciam se esquecer de que uma sílaba do Evangelho era preferível a toda a obra de Tácito. Em 1617, Famiano Strada, mais bem conhecido pelos ingleses por sua influência sobre a poesia de Richard Crashaw, publicou um incisivo ataque contra Tácito. Ele renovou a acusação de ateísmo e também tentou reviver contra Tácito o culto em declínio a Tito Lívio. O fato de Espinosa gostar de Tácito por seu lado antijudeu e anticristão não melhorava a popularidade do autor pagão nos círculos devotos.

Depois de um século, a rejeição a Tácito expressava-se tanto à direita quanto à esquerda, por católicos e por racionalistas. Enquanto ele era muito pagão para os católicos, os libertinos e os racionalistas não gostavam dele por ser tão cínico e por estar tão claramente ligado à Contra-Reforma. O declínio da supremacia espanhola na Europa, a ascensão da Inglaterra e dos Países Baixos, o crescimento do racionalismo cartesiano e do jansenismo na França destruíam os pressupostos sobre os quais Tácito tinha ganhado alguma autoridade. Fénélon e Bayle uma única vez entraram em acordo: segundo eles, Tácito derrotara seus próprios objetivos por ser sutil em demasia: "*il a trop d'esprit, il rapine trop*" ["ele tem espírito em demasia, ele furta demais"]. Saint-Évremond queixou-se que Tácito transformava tudo em política; o próprio Voltaire não via utilidade em Tácito, o qual, de acordo com o *Traité sur la tolérance*, preferia a calúnia à verdade. Em uma carta a Mme. Du Deffand (n.14202), Voltaire explicou que Tácito não combinava com o novo padrão da história da civilização: "Eu [Voltaire] gostaria de conhecer os direitos do Senado, as forças do Império, o número de cidadãos, a forma de governo, os costumes, os hábitos. Não encontro nada do tipo em Tácito. '*Il m'amuse, et Tite Live m'instruit*' ['Ele me diverte, e Tito Lívio me instrui']".

As pessoas interessadas na nova ideia de governo parlamentar, que se espalhava a partir da Inglaterra, achavam Tácito menos instrutivo que outros historiadores da República Romana, como Políbio e Lívio. Por outro lado, os que apoiavam o despotismo ilustrado do continente descobriram que Tácito era um embaraço para sua causa: seus imperadores eram claramente déspotas pouco ilustrados.

Esse bem poderia ter sido o fim do período tacitista no pensamento político moderno, não fosse o fato de Tácito encontrar novos aliados em círculos inesperados. Para começar, Giambattista Vico reconheceu em Tácito um de seus quatro guias das leis da história. Ele estava interessado em Tácito como estudioso dos impulsos primitivos, violentos – um complemento de Platão. Seguindo uma sugestão de Francis Bacon (*De augmentis scientiarum*, 7, 2), Vico considerava Tácito o retratista do homem como ele é, enquanto Platão contemplava o homem como ele deveria ser. Vico reavaliou Tácito e Maquiavel de uma perspectiva mais elevada. O mesmo foi feito – de forma independente e mais crua, mas com consequências mais graves – pelos enciclopedistas franceses. Maquiavel foi recuperado por estes em parte porque as obras dele haviam sido inseridas no Índex, e em parte porque eles tinham adotado a antiga e extremada interpretação baconiana de que nas entrelinhas ele estava atacando o despotismo. Rousseau produziu uma nova fórmula no *Contrato social* (cap.VI): "*O príncipe* de Maquiavel é o livro dos republicanos". O que era bom para Maquiavel era ainda melhor para Tácito. D'Alembert, que redigiu o verbete sobre maquiavelismo na *Encyclopédie*, também publicou uma antologia de Tácito. Rousseau também traduziu algo de Tácito. Transformaram Tácito em um inimigo ilustrado dos príncipes obscurantistas. Esse é o Tácito sábio e leve que prevalecia na Europa imediatamente antes da Revolução Francesa. Nós o reconhecemos na descrição que Gibbon faz de Tácito como o "primeiro dos historiadores que aplicou a ciência da filosofia ao estudo dos fatos" (*Decline and Fall*, ed. Bury, cap.IX, p.230). Gibbon aprendeu mais de um truque estilístico com Tácito. Com o devido reconhecimento a D'Alembert e a Gibbon, John Hill tratou Tácito de uma forma muito semelhante em um texto realmente importante publicado nas Realizações da Real Academia de Edimburgo em 1788. Mas na Inglaterra a interpretação inspirada pelos enciclopedistas franceses havia sido de certa forma antecipada em 1728 por Thomas Gordon, amigo de Walpole, o "Sileno roncador" da segunda *Dunciad*. Gordon foi um "crítico inexorável do clero". Ele comparou Tácito a São Jerônimo, com vantagem para o primeiro: "em Tácito há o bom senso e a estirpe de um cavalheiro; no santo, a raiva e os sonhos de um monge" (Discurso II, in: *The Works of Tacitus*, I, I, p.49). Suspeito que quando, em 1752, o reverendo Thomas Hunter publicou suas *Observations on Tacitus. In which his character as a writer and an historian, is impartially considered, and compared with that of Livy* [Observações sobre Tácito, nas quais seu caráter como um escritor e historiador é imparcialmente considerado e comparado com o de Lívio], ele atacava tanto Gordon quanto Tácito. Não é nem um pouco surpreendente que Hunter tenha encontrado um editor francês durante a Revolução.

Enquanto isso, o Tácito ilustrado de D'Alembert e de Gibbon havia ido mais além e se transformado em um republicano revolucionário: "*Et son nom prononcé fait pâlir les tyrans*" ["E seu nome, quando pronunciado, faz empalidecer os tiranos"] (M.--J. Chénier, *Epître à Voltaire*, 1806). Ele era um republicano a ser usado contra as tiranias de todos os tipos. Camille Desmoulins citava Tácito – ou melhor, o Tácito de Gordon – contra Robespierre nas páginas de seu *Vieux Cordelier*. Vittorio Alfieri alimentou-se das obras de Tácito e, na novela juvenil de Foscolo, o herói Jacopo Ortis, igualmente hostil ao terror monárquico e ao democrata, comete suicídio depois de ter traduzido "todo o segundo livro dos *Annales* e a maior parte do segundo das *Historiae*". O simples nome de Tácito deixava Napoleão I irritado. Há uma longa história do papel que teve Tácito na luta contra o cesarismo dos dois Napoleões. Os intelectuais franceses estavam divididos entre aqueles que admiravam César e os que admiravam Tácito. A *Revue Contemporaine*, que era bonapartista, era definitivamente contra Tácito. A *Revue des Deux Mondes* pode ser descrita como mais ou menos a favor de Tácito. Gaston Boissier, que escreveu o melhor livro sobre Tácito do século XIX, era um colaborador da *Revue des Deux Mondes*.

A disputa a respeito do cesarismo francês – e o nome cesarismo havia sido inventado por Auguste Romieu em 1850 – foi o último episódio da vida política em que Tácito teve um papel direto e pouco sofisticado. Isso não significa que em eventos mais recentes – por exemplo, durante o fascismo ou o regime de Vichy – livros sobre Tácito tenham sido inspirados por paixões políticas modernas. A obra bem conhecida de Concetto Marchesi sobre Tácito, por exemplo, foi escrita com ódio ao fascismo (1924). Mas, no decorrer do século XIX, tornava-se cada vez mais difícil falar sobre problemas modernos como se fossem questões romanas. A disputa francesa sobre o cesarismo encerrou uma época – que havia se iniciado em princípios do século XVI.

Durante três séculos, Tácito havia ensinado aos leitores modernos o que era a tirania. Não há dúvida de que havia filósofos e moralistas, de Platão a Epiteto, que tinham coisas importantes a dizer a respeito desse tema. Mas os filósofos se valem de termos abstratos. Tácito retratava indivíduos. Ele era tão lúcido, tão memorável, que nenhum filósofo poderia competir com ele. Foi Tácito quem transmitiu a antiga experiência da tirania aos leitores modernos. Outros historiadores e biógrafos – como Diodoro, Suetônio e Plutarco – tinham muito menos autoridade: haviam sido incapazes de reproduzir um retrato convincente em tamanho original de um déspota. Tucídides, Xenofonte, Políbio, Lívio, Salústio competiam entre si pela atenção do leitor moderno na questão do governo republicano. Tácito não tinha rival na questão do despotismo. É verdade que pelo menos nos séculos XVI e XVII a imagem do déspota tacitiano foi reproduzida, em benefício do leitor moderno, em obras de teoria política muito mais do que em livros de história. Já expliquei por que isso não é, no fundo, surpreendente. A essência do tacitismo consistia em fornecer indiretamente aquela análise da situação política contemporânea que seria tecnicamente difícil – e talvez também politicamente perigosa – de formular em simples trabalhos de história. Talvez seja esse o momento de acrescentar que a historiografia desses dois séculos foi insuficientemente explorada e os estudos a respeito da imitação dos modelos antigos são especialmente necessários. Mariana, John Hayward, William Camden, Grotius, Davila e mais tarde Johannes Müller são nomes que vêm imediatamente à mente como historiadores que admiravam e imitavam Tácito. O que sabemos a respeito da forma exata dessa imitação? Do mesmo modo, não conheço nenhum estudo adequado sobre A.-N. Amelot de La Houssaye, o maior tacitista da França, tradutor de Baltasar Gracián e autor da *Histoire du gouvernement de Venise* (1676), um clássico da interpretação da constituição de Veneza. Mesmo no início do século XIX há historiadores que imitam Tácito do ponto de vista estilístico e psicológico de uma forma que ainda está por ser mais bem explicada. Tais são, por exemplo, os três principais historiadores italianos daquele tempo: Carlo Botta, Pietro Colletta e Carlo Troya. Com efeito, é impossível descrever a historiografia italiana sem fazer referência a Tácito. A influência deste como historiador era inerente à sua autoridade como fonte para a história do Império Romano. Todo homem educado lia Tácito, aceitava o retrato de Tibério e de Nero feito por este e, com tal retrato, aprendia a compreender a psicologia da tirania.

Não é difícil entender por que tal situação muda durante o século XIX e por que essa mudança se torna visível antes na Alemanha. A revolução romântica deu preferência àqueles historiadores que expressavam conflitos de ideias mais do que os de personalidades. Em determinados círculos, o título de historiador pragmático tornou-se um termo pejorativo. Bem no começo do século XIX, Schelling declarou que Heródoto e Tucídides deveriam ser preferidos a Políbio e a Tácito. Pelo menos, no que dizia respeito a Tucídides, seu julgamento era normalmente aceito. Mais tarde, conduzidos por Mommsen, os estudos a respeito do Império Romano dirigiam-se cada vez mais para as províncias, o exército, a administração – todos temas para os quais Tácito podia contribuir bem menos do que o *Corpus Inscriptionum Latinarum*. Tácito foi declarado o menos militar de todos os historiadores e acusado de ser muito mal informado sobre a política administrativa provincial. Ficou também demonstrado que ele seguia suas fontes muito de perto, o que parecia sombrear sua competência como historiador. Toda a crítica fundamental foi feita ou pelo menos confirmada por Mommsen. Em um famoso livro de memórias de 1870, ele inaugurou uma nova fase no estudo das fontes de Tácito. Ele mesmo evitava qualquer observação depreciativa e respeitava o julgamento de Tácito a respeito da vida em submissão aos imperadores. A definição de Tácito como monarquista por desespero é dele. O próprio Mommsen era um defensor pessimista do Império Germânico. Entretanto, os estudiosos que seguiram Mommsen superficialmente estavam destinados a subestimar Tácito.

Admiradores de Tácito tinham de tentar várias linhas de defesa. Alguns fizeram o seu melhor para resguardá-lo, afirmando que ele não era um historiador pragmático, mas sim um artista. Essa era uma defesa válida contra a crítica de Schelling, porque este colocara a arte – *"Kunst"* – acima de todas as outras coisas. Nesse sentido, J. W. Süvern escreveu o seu famoso texto *Ueber den Kunstcharakter des Tacitus* [Sobre o caráter artístico de Tácito], publicado pela Academia de Berlim em 1823. Outros estudantes de historiografia sugeriram que Políbio e Tácito estavam mais próximos da verdade cristã do que Heródoto e Tucídides, e que por isso os primeiros deviam ser preferidos. Mas a definição de Tácito como um artista podia rapidamente se transformar na admissão de que ele não era um historiador. Ao final do século, Friedrich Leo, que tanto devia a Mommsen, proclamou Tácito um poeta, um dos poucos grandes poetas que Roma jamais tivera, apenas para condená-lo como historiador. Poucos ou nenhum daqueles que tanto defenderam Tácito na Alemanha foram tão corajosos ou tão ingênuos para admitir que Tácito era verdadeiro como ainda acreditavam os estudiosos franceses. Finalmente, a apreciação negativa de Tácito prevaleceu por toda parte, até na França, onde ele havia encontrado seus mais assíduos admiradores, como o demonstrou o trabalho de Ph. Fabia e E. Courbaud.

Hoje podemos entender as razões dessas discussões do século XIX a respeito dos méritos de Tácito sem ter, no entanto, de concordar com elas. Tácito tinha seus próprios limites óbvios. Dentro desses limites não podemos duvidar que ele percebera algo essencial: o processo de desmoralização que acompanha o despotismo. Mussolini, Hitler e Stálin contribuíram para sua reputação. Além disso, não podemos julgar um escritor antigo sem nos perguntarmos o que ele representou na história do humanismo medieval e moderno. A transição da República Romana para o Principado é ainda hoje uma questão de relevância imediata. Isso jamais teria acontecido se não tivéssemos Tácito. Ele é nosso mestre no estudo do despotismo. Seus métodos podem ser aplicados a outros períodos, e o foram. Sua análise das motivações humanas foi discutida, e com frequência aceita, pelos líderes moralistas dos últimos séculos. Mas há talvez alguma coisa até mais simples e mais imediata a ser dita sobre Tácito. Ele desenvolveu um interesse por homens e mulheres individualmente. Escreveu como um homem que estava inserido no processo da corrupção tirânica que descrevia. Ele nos faz perceber que também nós estamos inseridos.

Capítulo 6
As origens da historiografia eclesiástica

I

A relação entre a história eclesiástica e os fogos de artifício talvez não seja lá muito óbvia. Mas, pelo menos em um caso, os fogos de artifício com certeza auxiliaram os estudos de história eclesiástica. O nome de Benedetto Bacchini se destaca entre os monges beneditinos eruditos do final do século XVII. Nascido em Parma em 1661, ele foi o primeiro italiano a aplicar os métodos de pesquisa tornados famosos por Mabillon, na França, à história medieval. Mas a obra de Bacchini estava cercada de desconfiança tanto nos círculos eclesiásticos quanto nas cortes de Parma e de Modena, onde ele atuava, e seu caráter não tornava as coisas mais fáceis. Ele possuía, contudo, uma qualidade que não era tão incomum entre os estudiosos do século XVII como o é agora: ele conhecia a engenharia e a química. Isso lhe possibilitou presidir as preparações dos fogos de artifício para celebrar o casamento de Rinaldo d'Este, duque de Modena, em 1696. O duque gostou; e, como resultado, em 1697 Bacchini foi encarregado de cuidar da biblioteca do duque, a qual, como muitas outras bibliotecas italianas, havia sido muito negligenciada nos séculos anteriores. Ele permaneceu no cargo pouco mais de um ano. O jornal que editava e, na verdade, redigia praticamente sozinho, *Il Giornale dei Letterati*, descontentou a Inquisição com a defesa do bolandista Papebrochius. O *Giornale* foi logo descontinuado, e Bacchini, obrigado a voltar a seu monastério como *cellerarius* – ecônomo. Nem mesmo Montfaucon, que estava na Itália naquele momento, pôde salvá-lo dessa tarefa um tanto ingrata. Mas aquele ano em que Bocchini havia tido liberdade para examinar os manuscritos da biblioteca ducal fora suficiente para realizar a descoberta à qual seu nome estaria para sempre associado – o achado do *Liber Pontificalis*, de Agnellus de Ravena. Na verdade, foi mais uma redescoberta. A crônica do século XIX do bispado de Ravena já havia sido lida, em Ravena mesmo, pelos humanistas eruditos dos séculos XV e XVI, como Flavio Biondo e Giovanni Ferretti. Mas o historiador mais recente e mais importante de Ravena, Hieronymus Rubaeus, ou Gerolamo Rossi, cuja obra data de mais ou menos 1590, não pôde consultar essa crônica e queixava-se de que ela havia desaparecido da biblioteca do bispo. A cópia que Bacchini encontrou em Modena em 1697 não parece ter sido aquela que sumira de Ravena antes de 1590. Esta era um manuscrito do século XV. A crônica de Agnellus, mesmo depois de vários séculos de sua compilação, era ainda um documento muito controverso. Tão controverso que isso talvez explique por que essa crônica fora levada embora de Ravena no século XVI. Bacchini teve de enfrentar muitos problemas ao tentar publicá-la em 1705.

O autor da crônica, Agnellus, um sacerdote de Ravena entre 820 e 845, compilou seu *Liber Pontificalis* como uma série de aulas para os seus coirmãos do Capitólio de Ravena. Ainda que vivesse em uma época em que a sé de Ravena já estava adaptada à subordinação a Roma, ele se sentia simplesmente nostálgico daqueles dias de coragem, quando o arcebispo de Ravena, com a ajuda de Bizâncio, tinha desafiado Roma e clamado total independência, *autokephalia*. Ele relata com gosto como o arcebispo Maurus morreu em 671, depois de ter aconselhado seus sucessores a jamais aceitar a insígnia de sua dignidade – o *pallium* – oferecida por Roma: "*Pallium ab imperatore petite, quacumque enim die Romae subiugati fueritis, non eritis integri. Et his dictis obiit*" ["O *pallium* emitido pelo imperador, pelo qual de fato se subjugavam os romanos, não era irrestrito. E, ao proferi-lo, morreu"] (P.L. 106, col. 673).

Uma das alegações de Agnellus era particularmente séria e não podia ser desprezada em nenhuma controvérsia eclesiástica. Ele afirmava que, no início do século V, o imperador Valentiniano III havia outorgado ao bispo de Ravena a posição de arcebispo e, consequentemente, lhe havia concedido o *pallium*. Como todos sabemos, o direito de conferir o *pallium* é uma das prerrogativas do papa de Roma defendidas com maior zelo: nenhum arcebispo pode se considerar em posse legítima de sua sé a menos que tenha pedido ao papa, e dele obtido, a insígnia do *pallium*. Essa foi uma prática comum talvez até o século IV; uma teoria certamente bem estabelecida no século VIII investia o *pallium* com um significado transcendental e o tornava um símbolo da autoridade papal sobre as demais igrejas metropolitanas. Tanto a teoria quanto a prática da outorga do *pallium* tinha sido tema de controvérsia desde a época da Reforma, e dúvidas sobre os direitos exclusivos do papa em outorgar o *pallium* haviam sido expressas não apenas pelos não católicos, mas também pelos que apoiavam o movimento galicano dentro da Igreja Católica. Qualquer texto que tivesse a pretensão de mostrar que, entre o século IV e o VI da época cristã, o imperador tinha conferido o *pallium* a algum bispo suscitaria paixões de todos os lados. Poderia estabelecer um precedente perigoso até mesmo no século XVII. Muito antes da redescoberta da obra de Agnellus por Bacchini, outros casos autênticos de outorga do *pallium* pelos imperadores mais antigos, romanos ou bizantinos, já tinham sido coletados por polemistas religiosos do século XVII. O caso mais formidável sobre o direito de um imperador ou de um rei de outorgar o *pallium* aos bispos de seu próprio território tinha sido descrito pelo arcebispo de Paris, Pierre de Marca: quarenta anos depois de seu aparecimento póstumo em 1669, a obra de De Marca era ainda centro da controvérsia sobre os direitos de Roma sobre a Igreja francesa.

Para complicar ainda mais as coisas, o texto de Agnellus não era o único documento a respeito da alegada outorga do *pallium* ao bispo de Ravena pelo imperador Valentiniano. Um documento que circulara nos séculos XV e XVI proclamava ser o próprio texto de outorga do *pallium* ao bispo João de Ravena realizada por Valentiniano III. Entretanto, Barônio não teve qualquer dificuldade em comprovar que aquele era um documento falsificado. Apesar de alguns opositores obstinados dos direitos de Roma – tal como A. M. De Dominis – não terem se interessado por registrar a exposição de Barônio, todos os estudiosos mais sérios do século XVII – de ambos os lados – aceitaram suas posições. A questão foi, no entanto, reaberta quando Bacchini chamou a atenção para a assertiva de Agnellus no *Liber Pontificalis*, implicando dessa forma que a tradição podia dar algum apoio ao documento falsificado. Aqui, tratava-se de um historiador do século IX, certamente não relacionado ao documento falsificado, que ainda assim afirmava, com detalhes precisos, que um imperador romano – e não um papa romano – havia conferido o *pallium* ao bispo de Ravena. A assertiva impunha-se ainda mais, uma vez que Agnellus, apesar de ser um homem de posições definidas, era reconhecidamente um erudito: tinha o hábito de citar documentos, de usar imagens e inscrições para fundamentar os fatos que mencionava, o que não deixava de impressionar um mundo de antiquários tal qual aquele em que Bacchini vivia.

O próprio Bacchini era, no fundo, alguém que apoiava com veemência a Igreja de Roma e que não tinha a intenção de escandalizar os seus leitores. Mas tampouco era um homem que dispensasse uma evidência por esta ser inconveniente; e, como era um seguidor dos maurienses, estava pronto a admitir certa evolução no desenvolvimento das instituições cristãs. Alguns anos mais tarde, em 1724, um trabalho póstumo a respeito da história do *pallium* realizado pelo mauriense dom Thierry Ruinart foi publicado – uma das obras-primas da escola beneditina na qual o mesmo ponto de vista foi expresso. É evidente que Bacchini não poderia ter conhecimento dessa obra. No fundo, Bacchini não poderia achar que houvesse qualquer coisa de repreensível no fato de o imperador Valentiniano ter conferido os direitos metropolitanos ao bispo de Ravena. Isso não significa que ele estivesse preparado a aceitar a afirmação de Agnellus a respeito de Valentiniano III; até hoje é impossível saber se Agnellus estava correto. Mas Bacchini estava obviamente inseguro a respeito das origens do arcebispado de Ravena, e suas dúvidas abrangiam toda a história das sés metropolitanas da Igreja durante o século I. Ele não compartilhava da visão predominante segundo a qual a organização da Igreja era um reflexo da organização do Império Romano. Seu livro de 1703 sobre as origens da hierarquia eclesiástica, em que formulava uma teoria alternativa, provocou certa divergência, mas teve autorização para ser impresso. A edição de Agnellus de Ravena com introdução e comentário que ele submeteu às autoridades eclesiásticas em 1705 foi definitivamente desaprovada. A certa altura, a Inquisição interveio e requisitou que Bacchini entregasse suas anotações a respeito de Agnellus; ao mesmo tempo foi solicitado ao bibliotecário do duque de Modena, L. A. Muratori, um discípulo de Bacchini, que não permitisse que pessoas de fora lessem o *Liber Pontificalis* de Ravena. Por fim, chegou-se a um acordo. Bacchini concordou em escrever um novo prefácio em que declarava que as assertivas de Agnellus sobre o *pallium* eram inverossímeis e perversas – e depois de muitas negociações sobre vários outros detalhes, o *Liber Pontificalis* foi aceito para publicação em 1708. Por acaso esse foi o último livro que Bacchini pôde publicar. Pelo menos duas outras obras suas foram interrompidas pela censura.

Abordei esse episódio não apenas porque ele é pouco conhecido, mas também porque penso que serve para trazer de imediato à tona um dos traços mais característicos da história eclesiástica – e consequentemente da historiografia eclesiástica. Um acontecimento do século V, relatado por um historiador eclesiástico local do século IX, ainda tinha implicações práticas no século XIII – e não apenas em Ravena, mas em todo o mundo cristão. Tanto a continuidade da história da Igreja quanto a inter-relação entre acontecimentos locais e os princípios gerais da vida da Igreja são bem ilustrados por esse episódio. Os precedentes têm, evidentemente, importância para qualquer tipo de história, e não há nada no passado que em determinadas circunstâncias não possa provocar paixões no presente. Temos, por exemplo, as questões da língua dos macedônios em 350 a.C. e da desocupação da Dácia romana em 270 d.C. debatidas em época contemporânea como se fossem questões de vida ou de morte para um Estado moderno. Mas em nenhuma outra história os precedentes significam tanto como na história eclesiástica. A própria continuidade da história da Igreja através dos séculos torna inevitável que qualquer coisa que tenha acontecido no passado da Igreja seja relevante para o seu presente. Além disso, o que é ainda mais essencial, na Igreja, a conformidade com as origens é prova de verdade. Essa doutrina pode ser interpretada de formas diferentes de acordo com as várias confissões, mas nunca está ausente em nenhuma delas. Uma Igreja que conscientemente rompe com seus princípios e instituições originais é inconcebível. A Igreja conhece o retorno a esses princípios, mas não um rompimento com os princípios. Isso, em certo sentido, facilita a tarefa do historiador da Igreja. Ele deve escrever a história de uma instituição que teve um início em um momento preciso, tinha uma estrutura original e desenvolveu-se por meio de mudanças claras. É ele que deverá fazer uma avaliação do ponto em que uma mudança implica uma traição dos propósitos originais da instituição. Por outro lado, o historiador da Igreja enfrenta inevitavelmente a dificuldade de ter de relacionar continuamente os acontecimentos concernentes às igrejas individuais locais ao *corpus mysticum* da *Ecclesia universalis*. Isso acarreta algumas consequências para os métodos de escrever a história eclesiástica. Outros historiadores podem sentir-se satisfeitos em apenas relatar o passado. São poucas as chances de serem contestados. Mas os historiadores da Igreja sabem que a qualquer momento eles podem ser desafiados. As questões com que lidam são sempre controversas. E a controvérsia nunca é a respeito do dogma puro ou do fato puro – os dois são inter-relacionados. A questão da outorga do *pallium* por Valentiniano III – para voltar ao nosso caso – era tanto de teoria quanto de fato. Qualquer historiador eclesiástico que acreditasse no cristianismo estava fadado a ser também um teólogo. Mas se fosse desafiado com relação aos fatos, ele era obrigado a produzir uma documentação. O que é indubitavelmente evidente nos historiadores eclesiásticos é o cuidado que tinham com a documentação.

Muitos documentos são encontrados já nos primeiros historiadores eclesiásticos – Eusébio, Sócrates, Sozomeno, Teodoreto: eles tinham adotado os hábitos eruditos dos antiquários e dos gramáticos de Alexandria. Estes são apropriadamente descritos por Sozomeno: "Procurei os registros dos acontecimentos antigos entre as leis estabelecidas pertencentes à religião, entre as atas dos sínodos do período, entre as novidades que apareceram e nas epístolas de reis e de sacerdotes. Alguns desses documentos estão preservados nos palácios e nas igrejas, e outros estão dispersos e são de propriedade de eruditos. Houve um tempo em que pensei seriamente em transcrever o conjunto deles todos, mas, refletindo, achei melhor – devido à prolixidade dos documentos – fazer apenas um breve resumo de seu conteúdo" (Livro I, 1). Sócrates preparou uma segunda edição dos primeiros livros de sua *História eclesiástica* quando descobriu os textos de Atanásio, que contradizia sua fonte anterior, Rufino. No momento, devemos apenas lembrar que a própria importância dada aos precedentes e à tradição na história eclesiástica obrigou esses historiadores a citar a evidência documental de uma forma que dificilmente se nota entre os historiadores políticos.

Uma pesquisa mais aprofundada deverá revelar onde Agnellus encontrou inspiração para utilizar tão extensivamente a documentação literária e arqueológica. Mas, mesmo no século IX, o seu não é um caso único de cuidado com a documentação. As contribuições de Anastácio Bibliotecário ao *Liber Pontificalis* romano estão fundamentadas em seu conhecimento minucioso dos arquivos papais. No século X, Flodoardo de Reims, o autor da *Historia Remensis ecclesiae*, era um *érudit* formidável: parece ter empreendido uma viagem de Reims a Roma para coletar documentos. Em aproximadamente 1080, Adam de Bremen usou uma quantidade extraordinária de documentos originais e excertos de crônicas antigas em sua *Gesta Hammaburgensis ecclesiae pontificum*. Mais tarde, no século XII, Guilherme de Malmesbury demonstrou grande erudição antiquária em seu *On the Antiquity of the Church of Glastonbury*. João de Salisbury, em sua *Historia Pontificalis*, prova ser um exímio crítico da autenticidade dos escritos papais (cap. 43).

Definimos o que nos parecem ser os elementos essenciais da historiografia eclesiástica: a inter-relação contínua entre dogma e fato; o significado transcendental atribuído ao período das origens; a ênfase na documentação factual; a necessidade sempre presente de relacionar os acontecimentos das igrejas locais ao corpo místico da Igreja universal. Mas, com isso, fizemos um pouco mais do que definir alguns dos traços da primeira história eclesiástica – a *História eclesiástica*, de Eusébio de Cesareia. Tendo em vista que Eusébio de Cesareia foi o primeiro a escrever a história da Igreja a partir do ponto de vista do fiel, ele abriu um novo período da história da historiografia. Com efeito, é duvidoso que algum outro historiador tenha tido o impacto que esse autor causou sobre as gerações que o sucederam. Os homens que o seguiram compartilhavam de sua fé na Igreja, e isso criava um laço que nenhum historiador pagão conseguiria estabelecer com seus seguidores cristãos nem com seus colegas pagãos.

II

Simples e majestoso, Eusébio de Cesareia reivindica para si o mérito de ter inventado a história eclesiástica. Tal mérito não pode ser posto em discussão. A procura pelos precursores de Eusébio começou muito cedo: foi iniciada, talvez de forma já esperada, por um de seus seguidores imediatos, Sozomeno. Sozomeno pensava que Eusébio tinha sido precedido como historiador eclesiástico por Clemente, Hegesippus e Júlio Africano. Nenhum desses nomes pode realmente competir com o de Eusébio. O Clemente ao qual Sozomeno se referia era o suposto autor do Evangelho segundo São Pedro – que não é uma história eclesiástica; Sexto Júlio Africano é um cronógrafo bastante conhecido; e o mais misterioso Hegesippus – citado pelo próprio Eusébio – não parece ter escrito qualquer tipo de história eclesiástica: pelos fragmentos, ele parece mais ter sido um apologista antignóstico do século II d.C. Eusébio define o objetivo de sua obra no parágrafo inicial: "Meu propósito foi o de registrar por escrito a sucessão de apóstolos sagrados que vai do período de nosso Salvador até nossa época; o número e a natureza dos atos registrados na história da Igreja; o número daqueles que foram destacados em seu governo [...];

o número daqueles que em cada geração foram embaixadores de Deus pela fala e pela escrita; os nomes, o número e a idade daqueles que, levados pelo desejo de inovação ao ponto extremo do erro, se anunciaram como introdutores do Conhecimento, assim chamado falsamente. A isso tudo acrescentarei o destino que atingiu toda a nação dos judeus [...] e além disso o número e a natureza e os tempos das guerras empreendidas pelos pagãos contra a palavra divina [...] e, além disso, os martírios" (Loeb). Em certo sentido, é inverossímil que Eusébio tenha inventado a história eclesiástica. Sua outra obra-prima, *Praeparatio evangelica*, é uma das tentativas mais audaciosa de mostrar a continuidade entre os pensamentos pagão e cristão. Dificilmente esperaríamos que o mesmo homem pudesse cortar a história em duas partes: uma dedicada aos assuntos mundanos da guerra e da política, e outra, à origem e ao desenvolvimento da Igreja cristã. Mas essa testemunha da última perseguição e conselheiro e apologista de Constantino ocupava uma posição vantajosa para apreciar a autonomia e a força da instituição que tinha forçado o Estado romano a render-se na Ponte Milvia em 312. Mesmo ansioso em preservar a herança cultural pagã da nova ordem cristã – e, com efeito, muito ansioso, como logo adiante veremos, em usar a tradição pagã em sua história eclesiástica –, Eusébio sabia que os cristãos eram uma nação, e uma nação vitoriosa; e que sua história não podia ser contada senão no quadro da Igreja em que vivia. Além disso, ele bem sabia que a nação cristã era o que era pela virtude de ser tanto a mais antiga quanto a mais nova nação do mundo. Possuía origem dupla: era ao mesmo tempo contemporânea da criação do mundo e do nascimento do Império Romano sob o domínio de Augusto. É verdade que essa nação não possuía uma série única de líderes que fosse comparável à sucessão de monarcas dos outros Estados. Mas a sucessão de bispos nas sés apostólicas representava uma continuidade dos herdeiros legítimos de Cristo; enquanto a preservação da pureza do ensinamento original dos apóstolos deu à Igreja uma unidade interna. A sucessão apostólica e a ortodoxia doutrinária eram os pilares da nova nação cristã; seus inimigos eram os perseguidores e os heréticos. Assim, a história eclesiástica substituiu as batalhas da história política comum pelos desafios inerentes à resistência à perseguição e à heresia.

É óbvio que, ao desenvolver essa concepção, Eusébio tinha diante de si o Velho Testamento, Flávio Josefo e os Atos dos Apóstolos. Cada um desses deu sua contribuição: a luta contra os perseguidores tinha seus precedentes no Livro dos Macabeus, se não em alguma outra parte; a ideia de uma nação santa estava presente tanto na Bíblia quanto em Josefo (e havia sido desenvolvida ainda por apologistas anteriores); a difusão do cristianismo tinha como documento clássico os Atos dos Apóstolos. Mas, em cada caso, as diferenças eram mais marcantes do que as similaridades. É certo que um dos fatores importantes da historiografia cristã é que os Atos dos Apóstolos não têm uma continuação. Eles permanecem como um documento dos tempos heroicos do cristianismo a ser disposto junto com os Evangelhos. Mais de duzentos anos mais tarde, Eusébio desencadeou um novo início em bases completamente diferentes: ele não estava preocupado a princípio com a difusão do cristianismo pela propaganda e pelo milagre, mas com a sobrevivência dele à perseguição e à heresia, de onde sairia vitorioso. O simples fato de a heresia em sentido cristão estar ausente tanto na Bíblia quanto em Josefo, e de ter apenas um pequeno papel nos Atos dos Apóstolos, revela a novidade de sua abordagem. Havia, entretanto, um tipo de relato na historiografia pagã que podia ajudar Eusébio consideravelmente. Esse relato era a história das escolas filosóficas – tal como a encontramos em Diógenes Laércio. Para começar, a noção de "sucessão", "*diadoquia*", era igualmente importante tanto para as escolas filosóficas quanto para a ideia que Eusébio tinha do cristianismo. Os bispos eram os *"diadocos"* dos apóstolos, da mesma forma que os *scholarchai* eram os *"diadocos"* de Platão, Zenão e Epicuro. Em segundo lugar, como qualquer escola filosófica, o cristianismo tinha suas ortodoxias e seus desvios. Em terceiro lugar, os historiadores da filosofia na Grécia usaram métodos antiquários e citaram documentos com muito mais frequência e profundidade do que seus colegas, os historiadores políticos. Uma olhada em Diógenes Laércio é suficiente para demonstrar a satisfação que este tinha em produzir documentação original tanto para a doutrina quanto para as vicissitudes externas das escolas filosóficas que ele examina. Eusébio reconhecia a importância de documentos para sua história. Como eu disse, documentação direta, original, era essencial para estabelecer a justa reivindicação de autenticidade da ortodoxia contra perseguidores externos e dissidentes internos. Aqui, novamente, podemos estar certos de que as influências judias não eram sem importância para Eusébio. A ideia da "sucessão" nos estudos é essencial para o pensamento rabínico, que por sua vez se desenvolveu sob o impacto da teoria grega. Além disso, Flávio Josefo produziu uma documentação bastante ampla sempre que considerou necessário provar os direitos judeus; e os documentos eram naturalmente um traço conspícuo do Livro dos Macabeus. Mas, no conjunto, foi a partir da erudição helenística que Eusébio deu forma ao novo modelo de história eclesiástica. Nisso ele foi fiel à tradição helenística de seus mestres e a seu próprio programa na *Praeparatio evangelica*.

A enorme autoridade que Eusébio conquistou foi bem merecida. Ele teve continuadores, mas não rivais. A tradução de sua *História eclesiástica* para o latim, feita por Rufino, foi o ponto de partida da escrita eclesiástica no Ocidente. Na simplicidade de sua estrutura e na questão de sua documentação, a *História eclesiástica*, de Eusébio, foi um dos protótipos mais confiáveis jamais criados pelo pensamento antigo: com efeito, foi o último grande modelo elaborado pelos historiadores antigos para o benefício das gerações posteriores – isso se deixarmos de lado a *Vida de Antônio*, escrita por Atanásio, que se tornou um modelo para a hagiografia posterior.

A simplicidade do método de Eusébio era formidável, mas talvez um pouco decepcionante se aplicada à época pós-constantina, quando a Igreja não estava mais isolada pela perseguição. *A História da Igreja* escrita por Eusébio reflete de forma ideal o momento em que a Igreja havia emergido vitoriosa sob as ordens de Constantino – um corpo à parte no interior do Império Romano. Com todos os seus dons, Eusébio não conseguiu modelar uma historiografia na qual coubessem situações em que fosse impossível separar o que pertencia a César e o que pertencia a Cristo. A noção de Eusébio a respeito da história eclesiástica comportava uma dualidade bastante real que se tornaria evidente assim que os cristãos estivessem a salvo no Estado romano. De um lado, a história eclesiástica era a história da nação cristã que então emergia como a classe dominante do Império Romano. De outro, era a história da instituição divina não contaminada por problemas políticos.

As raízes clássicas da historiografia moderna

Como a história da nova classe dominante do Império Romano, a história eclesiástica tinha de incluir os acontecimentos militares e políticos. Mas, como a história das instituições divinas, a história eclesiástica estava restrita aos acontecimentos da Igreja. Essa dualidade permaneceu como um grande problema para todos os historiadores eclesiásticos desde a época de Eusébio: nenhum historiador eclesiástico foi capaz de se concentrar exclusivamente nas questões eclesiásticas. Mesmo os seguidores mais próximos de Eusébio foram forçados a tomar conhecimento de algumas daquelas dificuldades inevitavelmente relacionadas à própria noção da Igreja divina: como lidar com as relações muito terrenas mantidas por essa instituição divina com outras instituições, em termos de poder, violência e mesmo de reivindicações territoriais. Uma Igreja no poder dificilmente consegue se separar do Estado em que exercita esse poder. Além do mais, onde quer que a Igreja e o Estado tendessem a fundir-se, tornava-se difícil separar a heresia da rebelião política, e as diferenças dogmáticas das facções de corte. Como lidariam os seguidores de Eusébio com a política dos imperadores, as intrigas políticas dos bispos?

Se tivéssemos hoje a *História cristã*, escrita pelo padre Filipe de Side em aproximadamente 430, conheceríamos melhor as dificuldades de modelar uma história eclesiástica e saberíamos mais sobre o significado do predomínio do modelo de Eusébio. É evidente que Filipe de Side tentou um via própria e evitou imitar Eusébio. A sua *História cristã* começava com as origens do mundo e incluía uma boa parte de ciência natural e matemática, sem falar da geografia. Aparentemente, tentou oferecer uma enciclopédia cristã no formato de história. Ele foi logo esquecido. Os verdadeiros seguidores de Eusébio sempre incluíam certa quantidade de história política em suas obras. Tipicamente, eles dividiam suas histórias de acordo com os períodos marcados não por bispos ou arcebispos metropolitanos, mas por imperadores romanos.

Nenhum dos historiadores eclesiásticos da Antiguidade tardia jamais admitiu ter tornado supérflua a história política. De maneira mais ou menos clara, eles pressupunham a existência de outros tipos de história. Reconheciam, em particular, a existência da história política. Esse é um ponto de grande importância prática porque significa que a ascensão da história eclesiástica não implicava uma interrupção da escrita da história política mais comum. É verdade que nos séculos IV e V a história política era deixada principalmente nas mãos de pagãos, como Amiano Marcelino, Nicômaco Flaviano e Zósimo. Mas o fato de que, de acordo com Eusébio, Tucídides havia descrito a maldade da raça humana não queria dizer que não se deveria ler Tucídides. As portas permaneciam abertas para um historiador político cristão como Procópio, que no século VI reconheceu Heródoto e Tucídides como seus mestres.

Se Eusébio não tinha rivais, nenhum de seus sucessores foi tão confiável ou persuasivo a ponto de excluir rivais. Assim como Tucídides teve pelo menos três continuadores, Eusébio teve pelo menos quatro sucessores (afora seu tradutor, Rufino), cada qual continuando de onde ele havia parado. Três destes foram preservados e são bem conhecidos. Sócrates lidou com o período de 303 a 439; Sozomeno, com o que vai de 303 a 421; Teodoreto, de 303 a 428. Antes desses houvera Gelásio, bispo de Cesareia entre 365 e 400. A recuperação de sua obra é uma das grandes realizações da patrística daquele século. Gelásio sem dúvida deu continuidade à *História eclesiástica*, de

Eusébio. Rufino parece ter traduzido ao menos uma parte de Gelásio de Cesareia quando acrescentou os livros X e XI à sua tradução de Eusébio para o latim.

Sócrates e Sozomeno eram advogados que viviam em Constantinopla; eram próximos da corte imperial. Sócrates era muito preocupado com as diferenças doutrinárias no seio da Igreja. Ele as trata com a civilidade de um homem que preferiria que elas não existissem, ainda que nutrisse certa simpatia pelos "*novatiani*". Sozomeno, que usa bastante a obra de Sócrates, é bem mais mundano que seu mentor. Aceita o fato de que naquela época o cristianismo era uma questão de Estado: ao dedicar sua obra a Teodósio II, ele o convida a revisar e censurar o que escreveu. É ainda uma questão em aberto se Teodósio II de fato exercitou sua censura sobre Sozomeno.

Teodoreto leva-nos para fora da capital. Ele era um provinciano que tinha se envolvido profundamente nas controvérsias doutrinárias. Mantém um silêncio inquietante a respeito da disputa nestoriana, da qual fora um dos protagonistas, mas é por outro lado explícito, às vezes brutal, em seus julgamentos partidários. Ele adverte os imperadores de que, caso falhassem em suas obrigações para com a ortodoxia, poderiam ser castigados por Deus no campo de batalha. Embora às vezes possa ser desagradável, Teodoreto possui um discurso bastante genuíno. Não é possível separar sua história eclesiástica de seu livro sobre heresias e de seu relato profundamente pio e crédulo sobre os monges sírios que conhecera, a *Historia religiosa*.

Os próprios contemporâneos sabiam que Gelásio de Cesareia, Sócrates, Sozomeno e Teodoreto eram testemunhas parciais da verdade. Em aproximadamente 475, Gelásio de Cizico tentou escrever uma história dos acontecimentos eclesiásticos do Leste sob o domínio de Constantino (principalmente do Concílio de Niceia), combinando Eusébio, Gelásio de Cesareia, Rufino, Sócrates, Teodoreto e acrescentando documentação original. No século VI, Teodoro Lector concebeu a ideia de fundir Sócrates, Sozomeno e Teodoreto em uma *Historia tripartita*, e essa ideia agradou tanto a Cassiodoro que ele traduziu em parte a obra de Teodoro Lector e em parte imitou a *Historia tripartita*, empreendimento em que Epifânio foi seu colaborador. Se tivéssemos o conjunto da história de Filostórgio – da qual foram conservados apenas excertos –, poderíamos ver melhor onde esses seguidores de Eusébio falharam. Ariano da facção eunomiana, Filostórgio era contemporâneo desses últimos e escreveu quase à mesma época e sobre o mesmo tema: sua *História eclesiástica* começava com a origem da controvérsia ariana e chegava a 425 d.C. Sendo ariano, Filostórgio não tinha qualquer complacência com o estado das coisas no Império Romano. Adotava tonalidades claramente apocalípticas e gostava de acreditar que o desastre de Adrianópolis em 378 tinha relação com a perseguição aos arianos. Ele percebeu a importância do saque de Roma em 410, que nem sequer é mencionado por Teodoreto e é apenas notado superficialmente por Sócrates (VII, 10). As observações mais elaboradas de Sozomeno (IX, 9-10) podem ser devidas (como em outros casos) à influência de Filostórgio. É realmente notável como três historiadores eclesiásticos ortodoxos permaneceram leais ao Império e como eram comparativamente desinteressados pelo que acontecia fora dele. Nada é mais instrutivo sobre sua orientação do que ver como lidaram com os cristãos que estavam fora do Império. Dão pouco espaço a eles e quase invariavelmente apenas para poder discutir alguma medida específica dos imperadores romanos. Isso, naturalmente, acompanha a tendência geral da propaganda cristã que não estava muito interessada na conversão dos pagãos fora do Império.

III

Depois de Justiniano, tornou-se impossível no Ocidente, e difícil no Oriente, pensar historicamente em termos de uma Igreja universal. Com a perda do Ocidente pelo Império era difícil manter o horizonte ecumênico da história eusebiana. O cristianismo não era mais uma nação, nem mesmo como ficção. Mesmo no Oriente, boa parte dele escapava da esfera controlada pelos imperadores de Constantinopla. Além disso, os acontecimentos da Igreja tornavam-se idênticos aos acontecimentos do Estado; as grandes controvérsias públicas sobre heresia eram substituídas por intrigas de corte. Mais ainda: depois do século VI, o Oriente parece ter perdido interesse na história ecumênica como um todo. A história eclesiástica acompanhava aqui o declínio geral da historiografia. A época de Procópio e de Agatias é também a última grande época de historiografia no Oriente. Até onde sei, o monofisista João de Éfeso, que escreveu na Síria em aproximadamente 585, e Evágrio Escolástico, que terminou a sua história depois de 594, são os últimos historiadores eclesiásticos que podem reivindicar uma descendência direta de Eusébio. O historiador bizantino Nicéforo Calisto, que tentou reviver a história eclesiástica em 1320 – claramente sob o impacto das novas ligações com o Ocidente –, queixava-se de que Evágrio não tivera um sucessor. Assim, aceitava-se essa lacuna no Oriente. No Ocidente, até onde posso ver, a situação era mais complexa. A historiografia em geral era mais vital, e a historiografia eclesiástica tinha uma parte nessa vitalidade. É verdade que a primeira impressão é de que não havia um lugar para uma historiografia eclesiástica em separado durante a Idade Média. Os homens pensavam em termos de queda e redenção: eles dividiam a história do mundo em três estágios – *ante legem, sub lege, sub gratia* – e não conheciam qualquer divisão clara que se pudesse fazer entre Igreja e Estado. Até mesmo a noção de *duae civitates* foi reinterpretada por Oto de Freising (aproximadamente 1145) no sentido de que, da época de Teodósio I até a própria época daquele, uma *civitas permixta* era a substância da história: *"a temporis Theodosii senioris usque ad tempus nostrum non iam de duabus civitatibus, immo de una pene, id est ecclesia, sed permixta, historiam texuisse"* ["da época de Teodósio e das cidades antigas até o nosso tempo, não se trata mais de ser a Igreja uma ou duas cidades, mas uma combinação de ambas, como produzida pela história"] (*M. G. H., Scriptores* t.XX, Hannover, 1868, p.118-301). Oto aprendera mais com Orósio do que com Santo Agostinho. Não me surpreende que os historiadores modernos de historiografia eclesiástica tenham saltado da *Historia tripartita*, de Cassiodoro, para as *Centuriae*, de Magdeburg (1559). Isso está de acordo com a desconfiança da Igreja ocidental em relação ao filo-ariano Eusébio, que se expressa eloquentemente no *Decretum Gelasianum* (*P.L.* 59, col.161) e que foi reiterado pelo grande teólogo espanhol Melchor Cano no 11º livro de seu *De Locis theologicis*, escrito alguns anos antes da primeira *Centuriae*. Ainda assim, permanece o fato de que os livros escritos entre os séculos XIV e XVI receberam (mais frequentemente de seus autores do que de seus copistas) o título de *História eclesiástica*, e seria muito perigoso assumir que homens como o Venerável Beda, Hugo de Fleury, Ordericus Vitalis ou Adam de Bremen não sabiam o que faziam quando davam títulos às suas obras. Ordericus Vitalis acreditava pertencer a uma série de *scriptores ecclesiastici* que incluía Eusébio, Orósio, Cassiodoro e Paulo Diácono (este último como autor de uma história do bispado de Metz). Modestamente, ele admitia que, sendo um monge recluso em seu mosteiro, não podia escrever um tipo de história que tratasse das questões de Alexandria, da Grécia e de Roma – a história que Dares Frígio e Trogo Pompeu escreveram. Sem tanta precisão, mas com muita eloquência, Adam de Bremen declarou que, como filho da Igreja de Bremen e Hamburgo, ele era obrigado a contar a história dos Pais da Igreja. Também João de Salisbury traçou sua ascendência por Lucas, Eusébio, Cassiodoro, Orósio, Isidoro e Beda em uma obra que era mais uma *Historia pontificalis* do que uma *Historia ecclesiastica*. Na Idade Média, os historiadores eclesiásticos existiram, tinham uma ideia de suas ascendências, e o que mais nos interessa é ver como eles se comportavam com relação ao tipo de história que Eusébio criara.

Em primeiro lugar, o tipo de história de Eusébio permaneceu bem conhecido dos leitores do Ocidente, e houve pelo menos uma tentativa de revivê-la. A tradução de Eusébio feita por Rufino foi lida durante toda a Idade Média. Ela era, sem dúvida, conhecida de Gregório de Tours, Beda, Isidoro, e mesmo em Santo Agostinho encontramos algumas eloquentes referências a seu nome. Os numerosos manuscritos de Rufino demonstram o quanto ele fora lido pelo menos desde o século IX. Mesmo sem Rufino, os clérigos medievais teriam se lembrado do tipo de história próprio de Eusébio por meio da *Historia tripartita*, de Cassiodoro-Epifânio, que teve 137 manuscritos verificados por seu editor mais recente. Sozomeno, na medida em que foi utilizado pela *Historia tripartita*, foi criticado severamente por Gregório, o Grande, ao final do século VI, e essa crítica ainda era lembrada por Anastácio Bibliotecário no século IX. Foi Anastácio que, com João Diácono, concebeu a ideia de reviver o tipo de história universal eclesiástica característico de Eusébio, depois de 870. As experiências do VIII Concílio Ecumênico de Constantinopla, do qual Anastácio participou como um especialista em língua e teologia gregas, convenceram-no de que era indispensável para a Igreja de Roma estar informada dos acontecimentos eclesiásticos passados. Assim, ele concordou em prover uma tradução das fontes gregas cujos textos serviriam a João Diácono em sua escrita de uma nova história eclesiástica do tipo de Eusébio – evitando, entretanto, os erros doutrinais criticados por Gregório, o Grande, em Sozomeno (ou Epifânio). Anastácio fala de uma história que incluiria todos os acontecimentos importantes desde o nascimento de Cristo: *"ut quae ab ipso Christi adventu in Ecclesia gesta sunt et textu ecclesiasticae historiae non iudicantur indigna"* ["o advento de Cristo na Igreja e os eventos e textos eclesiásticos não são desprezados"] (*P.G.* 108, col. 1190). Ele estava claramente pensando em uma história eusebiana. Mas João Diácono nunca encontrou nem tempo nem inspiração para escrever a história planejada por Anastácio: a história eusebiana foi bem lembrada, mas nunca revivida.

Assim, a conclusão correta parece ser que a forma eusebiana de historiografia eclesiástica foi abandonada no Ocidente não por causa da falta de conhecimento a seu respeito, mas por causa de uma procura instintiva de algo mais adequado às necessidades contemporâneas – isto é, à criação de Estados nacionais e unidades locais. Ao mesmo tempo, o abandono não foi completo porque cada escritor se manteve fiel às premissas eusebianas da existência de uma Igreja universal e da necessidade de testemunhos documentais.

Muito naturalmente, o padrão predominante de história medieval eclesiástica é aquele que enfatiza os acontecimentos locais de uma sé ou de um mosteiro particular. Os escritores pressupunham de início o cristianismo e concentravam-se nas corporações individuais de acordo com a tendência predominante da vida social. A continuidade da instituição é representada pela sucessão de bispos ou abades; os conteúdos da história são uma mistura de biografia e crônica local. O que acontecera ao bispo ou abade era o que tinha acontecido à instituição; e o que ele fizera era o que a igreja ou o mosteiro haviam feito — embora os cronistas fossem suficientemente humanos a ponto de registrar as disputas internas. Vem daí a sinceridade e o frescor de seus relatos. É difícil esquecer aquele rei de Danes que, de acordo com Adam de Bremen, "percebia atentamente e lembrava tudo o que o arcebispo retirava das Escrituras, com exceção de que não podia ser convencido a respeito da gula e das mulheres, porque esses vícios eram natos àquela gente. Com relação a todo o resto, o rei era obediente e cedia ao prelado" (3, 21). Diferentemente de seus colegas antigos e modernos, os historiadores eclesiásticos medievais podiam sorrir. E Flodoardo, o historiador da *Ecclesia Remensis*, lembra-nos de como foi difícil escrever quando havia tão poucas defesas contra um inverno severo e quando o suprimento de livros de que se dispunha era pouco (Prólogo). Mas, em nenhum momento entre os séculos VII e XV, os historiadores eclesiásticos se contentaram em ser cronistas de suas instituições particulares. A necessidade de ir além, a fim de atingir a maior parte da comunidade cristã, é aparente por toda parte. A noção da Igreja como a *Ecclesia Christi* era muito forte em qualquer historiador para permitir que ficasse satisfeito sendo apenas o historiador do bispado de Metz ou de Reims ou do Mosteiro de Saint-Gall. Esses historiadores bem sabiam que sua instituição particular era apenas um fragmento da cristandade, e que na noção de cristandade não havia nunca uma distinção clara entre as questões políticas e as religiosas. Muitas vezes observamos entre os historiadores eclesiásticos medievais de qualquer século a transição da história eclesiástica local para uma história eclesiástica geral e, até mais frequentemente, a transição da história da Igreja para a história mundana. Ordericus Vitalis, no início do século XII, começa a história de seu próprio Mosteiro de Saint-Évroul, na Normandia, e termina com uma história geral dos normandos, o que, naquelas circunstâncias, significava um historiador dos bizantinos, cruzados, sarracenos – e ainda assim ele chama a história que faz de *Ecclesiastica historia*. Com maior ênfase ainda, seu contemporâneo Hugo de Fleury expande sua *Ecclesiastica historia*, tornando-a uma *Chronica mundi*, uma *Weltchronik*. Uma análise mais rigorosa das duas redações de sua *Ecclesiastica historia* mostraria como Hugo tenta modelar sua história de um modo satisfatório: deveria mostrar o que tinha aprendido com Anastácio Bibliotecário, que descobrira depois de ter completado sua primeira redação. Mas até mesmo aquelas crônicas eclesiásticas que, mais modestamente, se restringiam à própria instituição eram levadas a transcender os limites eclesiásticos, e até geográficos, de seus temas. Alguns livros, como a *História eclesiástica da nação inglesa*, de Beda, contam a história da conversão de uma região ao cristianismo, e muito além disso; outros, como a história eclesiástica de Hamburgo de Adam de Bremen, do século XI, contam a história da difusão do cristianismo entre as nações setentrionais como resultado das atividades missionárias de um bispado: parte de sua história da Igreja é um apêndice [*excursus*] geográfico esplêndido, digno de Heródoto. Na Baixa Idade Média, especialmente na Inglaterra e na Itália, onde a autoridade papal era mais forte, a sucessão dos bispos de Roma era enfatizada como a espinha dorsal da história universal: isso fica evidente, por exemplo, na *Historia Pontificalis*, de João de Salisbury, e mais tarde na *Historia ecclesiastica nova*, de Ptolomeu de Lucca (Bartolomeu Fiadoni), os quais fizeram da história dos papas o fio condutor. As condições sociais e políticas na Idade Média naturalmente favoreceram a escrita de crônicas de instituições individuais. Mas a noção de uma Igreja universal implica um paradoxo. Sendo universal, a história da Igreja tendia a abraçar todos os acontecimentos da humanidade e estava, portanto, permanentemente em perigo de perder seu caráter distintivo.

A forma eusebiana de história eclesiástica foi retomada com todo o vigor durante a Reforma, do mesmo modo que a forma política de história típica de Tucídides fora retomada pela vida política italiana na época do humanismo. O exemplo de Eusébio agia mais diretamente do que o de Tucídides. Em 1519, Lutero entrou em contato e se familiarizou com Eusébio na tradução de Rufino. Em 1530, Caspar Hedio publicou a *Chronica der alten christlichen Kirchen aus Eusebius und der Tripartita*. Flácio Ilírico e sua equipe de "centuriadores" conheciam Eusébio de cor, é claro – e o mesmo pode ser dito de todos os historiadores eclesiásticos que trabalharam depois deles, seja no campo protestante, seja no católico. O que protestantes e cristãos queriam provar era que eles tinham a autoridade dos primeiros séculos da Igreja do lado deles. Consequentemente, a história eclesiástica demandada pelas controvérsias religiosas do século XVI era uma história da Igreja universal, e não uma história de igrejas específicas. Eusébio era o modelo de historiador universal da Igreja; sua preocupação com as sés apostólicas era ainda útil, e suas coleções de documentos e citações, um ponto de partida para as pesquisas eruditas posteriores.

De muitas maneiras, Flácio Ilírico foi além do modelo de Eusébio. Os padrões de precisão para a documentação eram muito mais severos no século XVI do que no século IV. Acima de tudo, as questões levantadas pelas novas controvérsias no quadro da história universal da Igreja eram diferentes daquelas formuladas por Eusébio. Eusébio lidava com heresias, mas não suspeitava que o próprio curso dos acontecimentos dos primeiros séculos cristãos podia ser questionado e que pudesse existir mais de uma interpretação dos acontecimentos básicos. A posição de São Pedro, o desenvolvimento da hierarquia eclesiástica, a origem e o desenvolvimento de pelo menos alguns sacramentos não eram uma questão de controvérsia para ele. Mas estavam — nem é preciso dizer — no centro da atenção tanto para Flácio Ilírico quanto para César Barônio, o qual, depois de tentativas feitas por outros, produziu, por fim, uma resposta católica para a historiografia eclesiástica protestante. O que caracteriza a nova historiografia da Reforma e da Contra-Reforma é a procura por uma imagem verdadeira do antigo cristianismo a ser contraposta à imagem falsa dos rivais — enquanto Eusébio queria mostrar como o cristianismo tinha triunfado sobre a perseguição. A ideia de uma nação cristã, que tinha sido central para Eusébio, tornou-se, portanto, esvaziada de qualquer realidade para Flácio, Barônio e seus seguidores.

Eles não estavam tão preocupados com os cristãos, mas sim com as instituições e doutrinas cristãs.

Entretanto, não há dúvidas de que eles, em seus esforços para definir o verdadeiro desenvolvimento inicial do cristianismo, tinham constantemente em suas mentes os historiadores da Antiguidade da escola de Eusébio. O enorme trabalho de Scaliger, a respeito da cronologia de Eusébio, e o comentário de Valésio sobre Eusébio e sobre outros historiadores da Antiguidade estão entre os resultados desse estudo. Quando Causabon e Salmasius quiseram atacar a autoridade de Barônio como historiador, voltaram-se livremente aos historiadores da antiga Igreja. Nos *Prolegomena* aos seus *Exercitationes XVI ad Cardinalis Baronii Prolegomena in Annales* (1614), Casaubon enfatiza eloquentemente a importância de Eusébio e de sua escola, em contraste com o declínio posterior da história eclesiástica. Até o ponto em que não estivesse em jogo a noção da Igreja universal, Eusébio era sempre a fonte de inspiração para os historiadores eclesiásticos. A enorme, quase patológica, produção de história eclesiástica dos séculos XVII e XVIII envolvia-se cada vez mais nas discussões de detalhes e cada vez mais se tornava diversificada do ponto de vista teológico; entretanto, nunca repudiava a noção básica de que existia uma Igreja universal além das comunidades individuais cristãs. Até o revolucionário Gottfried Arnold, que vê a Igreja real fora de qualquer denominação existente, não duvidava de que a verdadeira *ecclesia* existisse em algum lugar.

A história da Igreja mudaria seu caráter quando a existência de uma Igreja invisível, universal, não fosse mais dada como certa; assim, o prelúdio no céu com o qual Eusébio tinha prefaciado sua história na terra se tornou polêmico, e até mesmo supérfluo ou ridículo. É impossível, naturalmente, indicar o exato momento em que a história da Igreja começa a ser estudada como a história de uma comunidade humana em vez de uma instituição divina. Alguns podem achar que o ponto de virada é representado pela *Institutionum historiae ecclesiasticae*, de Johann Lorenz von Mosheim, que apareceu em 1755; outros podem pôr a responsabilidade em Ferdinand Christian Baur, discípulo de Hegel; outros, ainda, podem pensar que foi Max Weber, com sua sociologia das religiões, o primeiro a colocar a Igreja cristã no mesmo nível de qualquer outra sociedade religiosa – ou talvez de qualquer sociedade humana. Se eu tivesse de produzir meu próprio candidato, voltaria à primeira metade do século XVIII e nomearia Pietro Giannone, que refletiu profundamente sobre a relação entre a história eclesiástica e a história política e que, em mais ou menos 1742, escreveu na prisão um esboço da história da história eclesiástica que pôde ser publicado apenas em 1859 (*Istoria del Pontificato di Gregorio Magno*. In: Giannone, Pietro. *Opere di Pietro Giannone*. Nápoles: Bertelli-Ricuperati, 1971, p.964). A verdade é, naturalmente, que os historiadores da Igreja ainda estão divididos com relação à questão fundamental da origem divina da Igreja. O número de historiadores profissionais que tomam a Igreja por uma instituição divina – e podem, portanto, ser considerados seguidores de Eusébio – aumentou em lugar de diminuir logo depois da Primeira Guerra Mundial. Por outro lado, os historiadores que estudam a história da Igreja como instituição humana consolidaram seus métodos. Eles foram ajudados pela adoção geral em historiografia dos padrões da pesquisa erudita que em uma época pareciam estar restritos aos historiadores eclesiásticos e aos controversialistas. Esquecemos algumas vezes que Eduard Meyer foi, ao menos na Alemanha, o primeiro não teólogo a escrever uma história erudita das origens do cristianismo, e isso aconteceu apenas em 1921. É a disputa entre aqueles que acreditam no caráter supernatural da Igreja e aqueles que não acreditam, o que está por trás das dissertações tediosas sobre "Begriff der Kirche bei den Kirchenhistorikern" e "Gegenstand der Kirchengeschichte". Aqueles que aceitam a noção da Igreja como uma instituição divina que é diferente de outras instituições devem enfrentar a dificuldade de que a história da Igreja revela de forma bastante óbvia uma mistura contínua de aspectos políticos e religiosos. Vem daí a distinção feita com frequência pelos historiadores da Igreja dos dois últimos séculos entre história interna e história externa da Igreja, em que interna significa (mais ou menos) religiosa, e externa, (mais ou menos) política. Em contraste, os historiadores da Igreja que a veem como uma instituição do mundo têm de lidar com a dificuldade de descrever, sem a ajuda da crença, o que existiu apenas com a ajuda de uma crença. Até onde posso entender não há como reconciliar essas duas maneiras de ver a história da Igreja, mesmo que o amor pela verdade, o respeito pelo documento e o cuidado com o detalhe possam fazer – e fizeram – muito para ajudar a compreensão mútua e a tolerância, e até a colaboração, entre os que acreditam e os que não acreditam.

No início desse movimento impositivo de pesquisa e de polêmica permanece Eusébio de Cesareia. Em 1834, Ferdinand Christian Baur escreveu em Tübingen uma comparação entre Eusébio e Heródoto: *Comparatur Eusebius Caesarensis historiae ecclesiasticae parens cum parente historiarum Herodoto Halicarnassensi.* Podemos aceitar essa comparação e meditar sobre a sua observação de que tanto Heródoto quanto Eusébio escreveram sob a inspiração de uma liberdade recém-estabelecida.

Conclusão

No início destas seis conferências eu havia dito que as concebia como uma primeira parte de uma trilogia. Quero explorar em cursos posteriores o conflito entre a visão de mundo grega e a visão de mundo judaica nos pontos que tenho competência para fazê-lo, isto é, durante o período helenístico; quero também enfrentar alguns aspectos da moderna pesquisa histórica. Vou, então, adiar minha conclusão geral, que implica questões sobre a natureza, a função, os limites e os métodos da pesquisa histórica. Mas, ainda assim, penso que posso concluir esta primeira série de conferências com algumas observações restritas aos limites bem definidos da minha experiência pessoal.

Quando eu era jovem, meus professores me disseram que Heródoto tinha inventado a história e que Tucídides tinha aperfeiçoado essa invenção. Os historiadores da Antiguidade que vieram em seguida corromperam o que Tucídides tinha aperfeiçoado. Tucídides não voltou a ser ele mesmo até que Maquiavel e Guicciardini fizeram renascer a antiga concepção de história política. É verdade que a ideia cristã de Providência era uma contribuição em potencial para uma historiografia melhor. Mas a Idade Média não produziu um historiador de verdade. As potencialidades da concepção providencial de história não foram desenvolvidas até o século XVIII, quando a cidade celestial de Santo Agostinho foi secularizada na cidade celestial de Voltaire. O passo seguinte foi a ideia romântica de história, que combinava Tucídides com Voltaire. Alguns dos meus professores preferiam Ranke como o modelo de historiador, outros preferiam Droysen, ou até Dilthey. Mas o esquema era fundamentalmente o mesmo. Vamos encontrá-lo em Croce e (em parte por implicação) em Meinecke. Esquema que foi apresentado ao público norte-americano somente em 1949 por um representante muito importante do pensamento histórico alemão, Hajo Holborn, em um artigo sobre os conceitos gregos e modernos de história publicado no *Journal of the History of Ideas*.

Como todo estudante de história antiga da minha geração, eu tive de repensar todos os princípios mais elementares do meu próprio tema. Devagar, mas mesmo assim de forma imperfeita, eu compus um quadro muito mais complexo da relação entre o pensamento histórico antigo e o pensamento histórico moderno. Tentei apresentar alguns – certamente nem todos, talvez nem os mais importantes – dos elementos desse quadro nestas conferências.

A Antiguidade não criou apenas um tipo de história. Criou muitos tipos. Quem deseja compreender do que trata a historiografia tem de entrar em acordo com a pluralidade dos tipos. Espero ter demonstrado que o desaparecimento da poderosa historiografia judaica depois dos Macabeus é o maior problema na história das ideias. Espero também ter demonstrado que não podemos aceitar que Tucídides tenha de fato substituído

Heródoto. Uma tradição herodotiana de historiografia com efeito sobreviveu, e foi muito útil ter evitado que a história se transformasse em um instrumento exclusivo da análise política. Podemos suspeitar de grandes especialistas do tipo de Werner Jaeger quando não conseguem incluir Heródoto em sua ideia de *paideia*. Também ficou óbvio que a recepção da historiografia grega em Roma foi muito mais do que uma simples transmissão de um produto estrangeiro. O modo como se deu essa transmissão determinou para o bem e para o mal o futuro da historiografia europeia. A história nacional europeia e o classicismo historiográfico derivaram disso. Mas ao menos um historiador romano teve a energia espiritual de examinar seu próprio lugar em sua própria época sem ficar indevidamente intimidado pelos gregos. O historiador Tácito foi um dos mestres do pensamento político moderno, da Contra-Reforma ao início do século XIX. Mesmo a extensão de sua influência entre os não historiadores é bastante significativa.

Tácito foi desde o início um escritor bastante ambíguo. Em Eusébio não havia essa ambiguidade primordial. Sua *História eclesiástica* era uma formidável afirmação de independência em relação ao Estado e de intolerância contra os que não acreditavam e os heréticos. Essa atitude permaneceu como fonte de vitalidade para a história eclesiástica até o século XIX.

Igualmente importante parece-me ser o papel desempenhado pelos antiquários no pensamento histórico. Na Antiguidade e na Renascença, os historiadores raramente foram capazes de alcançar o passado remoto e quase nunca lidaram com documentação original ou se preocuparam com a história cultural. Foram deixadas para os antiquários a organização do estudo da história cultural e a exploração dos vestígios do passado mais remoto. É difícil separar o antiquariato da pesquisa biográfica. A biografia, que primeiro apareceu no século V e floresceu na época helenística e romana, foi sempre um gênero um tanto misto – e ainda é. Mas ninguém pode negar sua vitalidade.

A influência dos antiquários é também evidente na história eclesiástica. A habilidade com que os historiadores eclesiásticos assimilaram os métodos da pesquisa antiquária contribuiu para o seu fortalecimento. Os historiadores políticos absorveram os métodos e os objetivos dos antiquários apenas mais tarde e mais lentamente.

Hoje em dia, em certo sentido, a luta entre antiquários e historiadores terminou. Os antiquários não são mais necessários como guardiães da história cultural e dos vestígios arqueológicos: estão, portanto, desaparecendo. Mas há ainda um aspecto do trabalho do antiquário que não é obsoleto. O antiquário gostava de manuais sistemáticos e descrições estáticas. Ainda que incapazes de perceber as mudanças, eles eram, sem dúvida, capazes de traçar as ligações. Os historiadores puros sabem o que são as mudanças, mas não são tão bons em descobrir o que é estrutural. Enquanto os historiadores não forem capazes de encontrar um remédio para essa deficiência, a sociologia permanecerá como a forma restaurada do antiquariato que a nossa época requer.

Duas questões me perseguem, como provavelmente também a vocês. Uma é se sociologia e história poderão permanecer como disciplinas separadas. A outra é se a história eclesiástica tem o direito de existir nas atuais condições da pesquisa histórica.

Deixe-me lembrá-los agora, à guisa de conclusão, que deliberadamente evitei discutir as razões mais profundas de por que os métodos gregos e romanos de escrever a história renasceram durante a Renascença. A Antiguidade acreditava que o homem era mortal, e a natureza, imortal. O cristianismo tornou o indivíduo imortal, mas se preparou para aceitar o fim da natureza como um acontecimento a ser esperado no futuro muito próximo. Maquiavel, Guicciardini, Commynes, Mariana, Hayward acreditaram, sem dúvida, na imortalidade do indivíduo e na transitoriedade da natureza, enquanto permanecessem como membros da sociedade cristã. Mas, como historiadores, eles estavam preocupados em outorgar aos seres mortais uma imortalidade literária e em prover informações úteis para um mundo que se esperava durar bastante. A separação da religião e da política está na raiz da historiografia moderna. Paradoxalmente, as ideias cristãs penetraram nos livros modernos de história apenas nos séculos XVIII e XIX, quando a fé no cristianismo estava em sua maior baixa. Isso se deveu à tentativa de dar um sentido ao processo histórico como um todo: da origem do mundo ao triunfo da razão ou ao advento da sociedade sem classes. Quando isso aconteceu, os métodos históricos modernos já haviam adquirido um formato de acordo com seus modelos antigos. A moderna filosofia da história – em bases cristãs – e os modernos métodos históricos – em bases clássicas – nunca tinham entrado bem em acordo. Seria necessário um outro livro – um que eu provavelmente não seria capaz de escrever – para desemaranhar as implicações desse fato elementar.

Um historiador da Antiguidade deve ser muito grato quando tem a oportunidade de falar aos estudantes de humanidades em geral. Apenas por meio desses contatos ele pode perceber quão limitada é sua visão usual e quão mais inteligentes são os estudantes de história moderna.

As Sather Lectures constituem uma célebre ocasião para esses encontros mais amplos. Tão célebre que já foi dito que um homem faz a sua reputação ao ser convidado a ministrá-las, e que a perde ao fazê-lo.

Qualquer que tenha sido o resultado no meu caso, sou grato por estes encontros.

Índice onomástico

A
Achikar, 37-8
Acta martyrum cristã, 54
Adam de Bremen, 215, 227, 229-30
Addison, J., 120
Adgandestrius, 175
Adimari, Alessandro, 197
Agatias, 26, 225
Agnellus de Ravena, 116, 208-12, 215
Agostinho, Santo, 114-5, 135, 226-7, 238
Agrícola (sábio), 185
Agustín, Antonio, 98
Alexandre, o Polímata, 113-4
Alfieri, Vittorio, 201
Alföldi, A., 16, 166
Amelot de La Houssaye, A.-N., 203
Amiano Marcelino, 51, 188-9, 222
Anastácio Bibliotecário, 215, 228, 230
Anastase, padre (L. A. Guichard), 96

Aníbal, 143-4, 146, 165
Antíoco de Siracusa, 101-2
Antônio Primo, 180
Apolo, 70, 145, 192
Apolônio de Rodes, 108
Arias Montano, B., 139
Aristarco, 72
Aristóbulo, 82, 108
Aristóteles, 72, 81, 105, 107-8, 111, 158
Armínio, 175, 191
Arnold, Gottfried, 233
Arriano, 58, 81-2
Artapanos, 52
Artaxerxes I Macrocheir, 25, 31
Artaxerxes II Mnémon, 30
Artaxerxes III Ochos, 32
Atanásio, 214, 220
Ateneu, 100
Atos dos Apóstolos, 182, 218-9
Augusto, 26, 103, 114-5, 151, 177, 217

Aventinus, Johannes, 191
Azubius (Salomão ben Judah Ezobi), rabino de Carpentras, 95

B
Bacchini, Benedetto, 207-8, 210-2
Bacon, Francis, 118, 196-7, 199
Bagoas, 32
Barberini, cardeal Francesco, 94, 97
Barônio, César, 210, 232-3
Baur, Ferdinand Christian, 234-5
Bayle, John, 134
Bayle, Pierre, 123, 198
Beda, 136-7, 226-7, 230
Beloch, Karl Julius, 24
Belsazar, 31
Bembo, P., 133
Beroaldus, Philippus, 191
Berosso, 157
Bickerman, Elias J., 9, 52, 161
Bierlingius, F. W., 119
Biondo, Flavio, 116-8, 134-6, 208
Bloch, Marc, 9, 20
Boccaccio, G., 116, 189
Boccalini, Traiano, 192, 196-7
Bodin, Jean, 193, 197
Boece, Hector (Boethius), 133-4
Boeckh, A., 122
Boissier, Gaston, 201
Bonfini, Antonio, 133
Bosio, A., 121
Bossuet, J. B., 121
Botero, Giovanni, 195
Botta, Carlo, 203

Bowra, C. M., 149
Bruni, Leonardo, 85, 133, 138-9, 190
Budé, Guillaume, 118, 193
Buonarroti, Filippo, 99
Burckhardt, J., 112, 122, 126

C
Calímaco, 108, 160
Camden, William, 134-5, 202
Campanella, Tommaso, 95
Cano, Melchor, 226
Canonherius, Petrus Andreas (Canoniero), 197
Caron de Lâmpsaco, 30
Casaubon, I., 85, 233
Cássio Hemina, 155
Cassiodoro, 136-7, 189, 224, 226-7
Castor de Rodes, 113
Catão, o Velho, 83, 148-55, 168
Cecílio de Calacte, 52
Celtis, Conrad, 190
César, Júlio, 115, 172, 179, 190, 201, 220
Charron, P., 193
Chénier, M.-J., 200
Chereas, 165
Ciaceri, E., 149
Ciampini, Giovanni Giusto, 119, 121
Cícero, 72, 81, 83, 147, 149, 153-5, 160, 170, 192
Cintius Alimentus, 146, 155
Cipião Emiliano, 190
Ciro, 27, 32, 38

Cláudio Cego, Ápio, 147
Cláudio, imperador, 176-7
Clélia, 166
Clemente (Pseudo-), 216
Clemente de Alexandria, 47
Cleodemos, 52
Clitarco, 101
Colletta, Pietro, 203
Collingwood, R. G., 57
Commynes (Philippe de Comines), 169, 241
Comte, A., 129
Condorcet, M.-J.-A.-N. Caritat de, 126
Connor, W. R., 80
Constâncio de Lyons, 137
Constantino, o Grande, 56, 217, 220, 224
Coriolano, 151, 156
Corneille, P., 86
Courbaud, E., 205
Crashaw, Richard, 198
Crátero, 111
Cratipo, 79
Cremúcio Cordo, 179
Creuzer, Friedrich, 16, 87
Crítias, 106
Croce, B., 9, 238
Crônicas, livro das, 25
Ctésias, 25, 30, 35, 41, 72, 81

D
D'Alembert, J., 199-200
Daniel, Livro de, 31, 46-7
Dares Frígio, 227

Dario, o Grande, 26-7, 29, 69
Davanzati, B., 194
Davila, E. C., 202
De Dominis, A. M., 210
De Góes, Damião, 139, 140n
De Sanctis, G., 9, 149
Delfos, 77-8, 143, 145-6
Demétrio (historiador judeu), 52, 157-8
Demétrio de Falera, 108, 157-8
Demétrio Poliorceta, 182
Democares, 182
Demócrito, 38
Descartes, R., 58
Desmoulins, Camille, 201
deutero-Isaías, 40
Dião Cássio, 84, 177
Dicearco, 108, 110
Diillo, 72
Díkaios de Atenas, 70
Dilthey, W., 238
Diocles de Pepareto, 161-2
Diodoro, 28-9, 72, 76, 113-4, 202
Diógenes Laércio, 107, 110, 219
Dionísio de Halicarnasso, 52, 72, 81, 86, 103, 111, 115, 137, 147
Dionísio de Mileto, 30, 151
Domiciano, 175, 185, 187-8
Dondi, Giovanni, 116
Dorislaus, Isaac, 196
Dornseiff, Franz, 29
Driver, T. F., 57n
Droysen, J. G., 125, 127, 238
Du Deffand, Mme. Marie, 198
Dudith, Andreas, 86

Dupuy, 95
Durkheim, Émile, 128

E
Éforo, 79-82, 101-2, 107, 141
Eldad-Hadani, 54
Emílio, Paulo, 133
Empédocles, 37
Eneias, 144, 146, 154n, 161
Epicuro, 219
Epifânio, 224, 228
Epiteto, 53, 202
Eprio Marcelo, 178
Esdras, Livros de, 39, 46
Espinosa, 55, 121, 195, 198
Ésquilo, 38, 40, 70
Este, Rinaldo d', duque de Modena, 207
Ester, Livro de, 25, 32-4
Estesímbroto, 109
Estrabão, 72
Eupolemo, 52
Eusébio de Cesareia, 215-6, 235
Evágrio Escolástico, 225

F
Fábia, *gens*, 142, 150, 166, 168
Fabia, Philippe, 205
Fábio Máximo (contemporizador), 144
Fábio Pictor, Quinto, 83, 111, 131-72
Fábio Ruliano, 163-4
Fabretti, Raffaello, 121
Fabroni, Angelo, 98

Fanodemo, 103
Fazello, Tommaso, 119
Feliciano, Felice, 117
Fénélon, F. L. de Salignac de, 198
Ferdusi, 26
Ferguson, A., 126
Ferretti, Giovanni P., 208
Filino de Agrigento, 164-5
Filipe de Side, 221
Filipe II da Macedônia, 80, 141
Filipe V da Macedônia, 143
Filisto de Siracusa, 78, 101-2, 141
Filo de Alexandria, 53-4
Filocoro, 112
Filostórgio, 224
Filostrato, 100
Finley, M. I., 16, 85
Flácio Ilírico, M., 231-2
Flaco, Vérrio, 153
Flávio Josefo. *Ver* Josefo.
Flodoardo de Reims, 215, 229
Fócio, 28-9
Foscolo, U., 201
Friedländer, L., 125
Fustel de Coulanges, N.-D., 128

G
Galba, 185
Galileu, 96-7, 119
Gassendi, P., 95-7
Gatterer, J. C., 122
Gelásio de Cizico, 223
Gelásio, bispo de Cesareia, 222-4
Gélio, Aulo, 100, 106, 117, 147, 152

Giannone, Pietro, 234
Gibbon, E., 123-4, 174, 200
Gildas, o Sábio, 137
Gölnitz, Abraham, 197
Gomme, A. W., 19
Gordon, Thomas, 200
Gracián, Baltasar, 203
Greco, El, 189
Gregório de Tours, 136-7, 227
Gregório, o Grande, 228
Grote, G., 122
Grotius, Hugo, 32, 94, 195, 202
Guarini, Guarino (Guarino Veronese), 190
Guicciardini, F., 169, 192, 237, 241

H
Hayward, John, 202, 241
Hecateu de Abdera, 29, 52, 82
Hecateu de Mileto, 28-9, 37, 60-70
Hedio, Caspar, 231
Hegel, G. W. F., 47, 57, 64, 234
Hegesippus, 216
Helânico, 30, 36, 106, 161
Hélio Catão, Sexto, 150
Helvídio Prisco, 178
Héracles, 52, 63, 143, 161
Heráclides Pôntico, 37, 107, 158
Heráclito, 37, 64
Herder, J. G., 89
Herênio Senécio, 178
Heródoto, 21, 24, 27, 29-30, 35, 37-9, 50, 58, 61, 63, 65-74, 76, 78, 81-4, 87-91, 97, 101, 105, 111, 129, 157, 159, 203-4, 222, 231, 235, 237, 239
Hesíodo, 37, 59-60, 62
Hill, John, 200
Hípias, 102-3, 106, 111, 129
Hipócrates, 50
Hitler, A., 205
Hobbes, Thomas, 86, 195
Holborn, Hajo, 238
Holofernes, 32, 38
Homero, 59-60, 65, 78
Hugo de Fleury, 226, 230
Huizinga, Johan, 9, 20
Hunter, reverendo Thomas, 200
Hutten, Ulrich von, 191

I
Ibn Esdras, Abraham, 55
Ibn Khaldun, 58
Íon de Quíos, 37, 109
Isidoro de Sevilha, 115, 136-7, 229
Isócrates, 107, 109, 141

J
Jacoby, F., 9, 30, 35-6, 63, 72, 104, 111, 160
Jaeger, Werner, 239
Jasão de Cirene, 52
Jeremias, 137
Jerônimo de Cardia, 82, 108, 159
Jerônimo, São, 200
Jhering, R., 128
João de Éfeso, 225
João de Salisbury, 215, 227, 231
João Diácono, 228

João, o Lídio, 114
Jonson, Ben, 195
Jordanes, 136-7
Josefo, Flávio, 34, 44, 47, 52-4,
　56, 80, 103, 136-7, 157, 218-9
Juba II (rei), 103
Judite, Livro de, 38
Júlio Africano, Sexto, 216
Juno Regina, 144
Justiniano, 225

K
Keson (Kaeso), 167-8
Kircher, Athanasius, 120
Köchly, H., 125

L
La Mothe Le Vayer, F. de, 95-6
La Rochefoucauld, F. de, 193
Lactâncio, 54
Le Gendre, G.-Ch., 120
Leo, Friedrich, 109, 148, 176, 204
Leto, Pompônio, 118
Libânio, 72
Licofronte, 159-60
Lípsio, Justo, 85
Lívio Andrônico, 145, 147
Lívio, 51, 83, 85-6, 98, 101, 118,
　132-6, 140n, 143, 145, 151,
　163-4, 167, 169-72, 178-9,
　190, 192, 199-200, 202
Livros Sibilinos, 143
Locke, J., 195
Lucas, São, 227
Luciano, 72, 84, 86

Lucrécia, 166
Lutero, M., 192, 231

M
Mabillon, J., 120, 123, 207
Mably, Abade G. Bonnet de, 86
Macabeus, Livro dos, 34, 218-9
Macabeus, Livro Primeiro dos, 39,
　46-7, 52-3
Macabeus, Livro Segundo dos, 52-4
Macaulay, T. B., 19, 149
Macróbio, 115
Maffei, Scipione, 122
Magdeburg "centuriador", 226
Magna Mater, 144
Maimônides, 48
Malvezzi, Virgilio, 196-7
Maneto, 52, 81, 157
Manlio Capitolino, 156
Maquiavel, N., 85, 169, 191-3,
　195, 197, 199, 237, 241
Marca, Pierre de (arcebispo de
　Paris), 210
Marcelino, 81
Marchesi, C., 201
Mardoqueu, 25, 32, 38
Mariana, Juan de, 202, 241
Marineo Siculo, Lucio, 133, 135
Maurus, arcebispo de Ravena, 209
Medici, Cosimo I (grão-duque de
　Toscana), 192
Megastenes, 81
Meinecke, F., 238
Menandro de Éfeso, 157-8
Mens, 145

Merula, Giorgio, 133
Metelo, Q. Cecílio, 147
Meyer, Eduard, 19, 24, 126, 234
Miller, Perry, 20
Milton, John, 196
Moisés, 52
Mommsen, T., 125-9, 149, 175, 203-4
Montaigne, M. de, 95, 193
Montanus. *Ver* Arias Montano, B.
Montfaucon, B. de, 32, 123, 208
Mosheim, Johann Lorenz von, 234
Mowinckel, S., 36
Müller, Johannes, 202
Müller, K. O., 125
Münster, Sebastian, 139, 191
Muratori, L. A., 123, 212
Muret, Marc-Antoine (Muretus), 193-4
Mussolini, B., 205

N
Nabonido, 27-8, 31
Nabucodonosor, 31-2
Nannius, Petrus (P. Nanninck), 139
Napoleão I, 201
Napoleão III, 201
Naudé, G., 95-6
Neemias, Livro de, 25, 36, 39, 46
Nero, 178, 185, 203
Nestor, 36
Névio, 146-7
Newton, I., 88
Nicéforo Calisto, 225
Nicômaco Flaviano, Virius, 222

Niebuhr, B. G., 64, 125, 149
Niebuhr, Reinhold, 57
Nöldeke, Theodor, 26, 38
Nostradamus, M. de (filho), 95
Nostradamus, M. de (pai), 95
Numitor, 146

O
Ordericus Vitalis, 227, 230
Orósio, 143, 189, 226-7
Otanes, 38
Oto de Freising, 226

P
Papebrochius, D., 120-1, 208
Pareti, L., 149
Partênio, 38
Pascal, B., 86
Paschalius, Carolus (Carlo Pasquale), 194-5
Patin, Charles, 98, 120
Patin, Gui, 95-6
Paulo Diácono, 227
Paulo III, papa (Alessandro Farnese), 192
Pausânias (regente de Esparta), 35, 37, 77
Pausânias da Lídia, 100, 112
Pedro, São, 216, 232
Peiresc, Nicolas-Claude Fabri sieur de, 94-8, 119
Perizonius, Jacobus, 149
Petrarca, F., 116
Pfeiffer, Rudolf, 108
Piccolomini, Enea Silvio, 133, 136, 190

Pirro, 159, 164
Piso, Licinianus, 185
Pitágoras, 58
Píteas, 159
Platão, 58, 102-3, 107, 199, 202, 219
Plínio, o Jovem, 174
Plínio, o Velho, 100
Plutarco, 72-3, 109, 116, 161, 175, 178, 183, 202
Poggio Bracciolini, 190
Pólemon de Ílion, 111-2
Políbio, 42, 58, 80-8, 101, 108, 111, 114, 138, 141, 160, 165-6, 169, 179, 186, 190, 199, 202-4
Policiano (A. Poliziano), 85, 116-7, 133
Pontano, G., 88
Posidônio, 81, 114, 168
Possevino, Antonio, 197
Praxífanes, 80, 108
Procópio, 81, 222, 225
Ptolomeu de Lucca (Bartolomeu Fiadoni), 231
Ptolomeu I Sóter, 82, 108

Q
Quintiliano, 101, 170

R
Ranke, L., 19, 84, 87, 127, 238
Rapin, Père René, 86
Reis, Livro dos, 34
Rhenanus, Beatus, 191
Ribadeneira, Pedro, 197
Ritschl, F., 125
Robertson, W., 126
Robespierre, M., 201
Roma, 21, 48, 53, 81, 84, 94, 100, 103, 114-5, 117, 119, 121, 125, 136, 138, 142-6, 148-52, 155-6, 158-65, 167-8, 171, 177, 180-1, 184, 187, 189, 191-3, 204, 209-11, 215, 224, 227-8, 231, 239
  Anais dos Pontífices, 152, 154-5, 164, 171
  carmina, 111, 150
  Doze Tábuas, 150
  Origo gentis Romanae, 154, 163
Romieu, Auguste, 201
Romilly, Jacqueline de, 78
Rômulo, 146, 151, 154, 161-3, 166, 178
Roscher, W., 87, 128
Rosinus (J. Rossfeld), 100
Rossi, Azariah de', 55
Rostagni, A., 149
Rousseau, J.-J., 199
Rubaeus, Hieronymus (Gerolamo Rossi), 208
Rubens, P. P., 94
Rufino, 214, 220, 222-4, 227, 231
Ruinart, dom Thierry, 211

S
Sabellico, Marcantonio, 133
Saint-Évremond, C. de Marguetel de, 198
Salmasius (Claude Saumaise), 196, 233

Salústio, 51, 81, 83, 101-2, 169-70, 172, 179, 202
Salutati, C., 116
Sanches, Francisco, 95
Savile, Sir Henry, 195
Scaliger, J. J., 88, 233
Scevola, Múcio, 156
Schaeder, H., 31
Schelling, F. W. J., 87, 203-4
Schlegel, F., 87
Schlözer, A. L. von, 122
Schwartz, Eduard, 35, 77
Scoto, Anibale, 197
Scylax de Carianda, 29, 37
Sêneca, 177, 179, 188, 193-4
Sérvio, 114, 153-4, 167
Severo, Sulpício, 189
Sexto Empírico, 97-8
Sidônio Apolinário, 189
Sileno de Calacte, 165, 200
Símaco, Quinto Aurélio, 115
Simon, Richard, 121
Simônides de Amorgos, 60, 103
Smerdis (pseudo-), 38
Sócrates Scholasticus, 214, 222-4
Sócrates, 53, 97
Sofócles, 37, 66, 72
Sósilo de Esparta, 165
Sozomeno, 214, 216, 222-4, 227-8
Spon, Jacob, 98
Stálin, J., 205
Steinschneider, Moritz, 48
Stephanus, Henricus (H. Estienne), 88, 95, 97, 194
Strada, Famiano, 198
Strasburger, H., 9, 69

Suetônio, 110, 114, 175, 178, 183, 202
Süvern, J. W., 204
Syme, Sir Ronald, 176-7

T
Tácito, 20-1, 51, 58, 83, 85-6, 101, 111, 115, 131, 171, 173-205, 239
Tamizey de Larroque, P., 94
Täubler, E., 126
Temístocles, 37, 41, 71, 77
Teodoreto, 214, 222-4
Teodoro Lector, 224
Teodósio I, 226
Teodósio II, 223
Teofrasto, 80, 108, 158
Teopompo, 58, 72, 79-81, 101, 141, 158
Tertuliano, 192-3
Tibério, 175-6, 178, 184-5, 191-2, 197, 203
Tillemont, S. Le Nain de, 123
Timagenes, 101
Timeu de Tauromênio, 81, 83, 101, 158-61, 163, 167
Tobias, Livro de, 38
Trásea Peto, 185
Treitschke, H., 90, 127
Trogo Pompeu, 113-4, 227
Troya, Carlo, 203
Tucídides, 19-21, 35, 37, 39, 43, 58, 61, 72, 73-87, 89-91, 98, 101-2, 105, 111-2, 118, 128, 139-41, 169-70, 179, 186, 202-4, 222, 231, 237-8

U
Ulisses, 36
Ulrici, H., 87

V
Valentiniano III, 209-11, 214
Valésio (Henri de Valois), 233
Valla, Lorenzo, 87
Varrão, 100, 105, 110-1, 114-5, 117, 135, 148, 160, 169
Vênus Ericina, 144
Vico, Giambattista, 124, 199
Virgílio, 144
Virgílio, Polidoro, 133-4, 136
Vives, J. L., 88
Voltaire, F.-M. Arouet de, 89, 123-4, 126, 198, 238
Von Arnim, H., 168
Vossius, Gerard J., 118
Vossius, Isaac, 85

W
Walpole, Horace, 200
Weber, Max, 128-9, 234
Wilamowitz, U. von, 35, 38, 70, 77
Wimpfeling, Jacob, 133, 135
Winckelmann, J. J., 124
Wissowa, G., 145

X
Xanto, o lídio, 30
Xenófanes, 60-1
Xenofonte, 31, 79, 101, 109, 139-40, 179, 202
Xerxes, 26, 32, 35, 69

Z
Zenão, o Estoico, 58, 157, 219
Zópiros, filho de Megabizos, 30, 71
Zósimo, 222

SOBRE O LIVRO

Formato: 14 x 21 cm
Mancha: 23 x 44 paicas
Tipologia: Venetian 301 12,5/16
Papel: Off-white 80 g/m² (miolo)
Cartão Supremo 250 g/m² (capa)

1ª edição Editora Unesp: 2019

EQUIPE DE REALIZAÇÃO

Edição de texto
Richard Sanches (Copidesque)
Tulio Kawata (Revisão)

Capa
Negrito Editorial

Imagem de capa
Goddess statue © PhotoTalk/istockphoto

Editoração eletrônica
Eduardo Seiji Seki

Assistência editorial
Alberto Bononi

Rua Xavier Curado, 388 • Ipiranga - SP • 04210 100
Tel.: (11) 2063 7000 • Fax: (11) 2061 8709
rettec@rettec.com.br • www.rettec.com.br